12

MEMOIRE
A CONSULTER,
ET
CONSULTATION

POUR la Dame ANNE-ROSE CABIBEL, veuve CALAS, & pour ses Enfans.

10

M

TOUTE l'Europe retentit d'une affaire auſſi cruelle qu'extraordinaire, arrivée au mois d'Octobre 1761 dans la Ville de Toulouſe. Je ſuis perſuadé que les Provinces du Royaume n'en ſont pas moins occupées que la Capitale, où cette affaire fait le plus grand éclat. Je ne doute point qu'elle ne ſoit parvenue juſqu'à vous, & que vous ne ſachiez qu'un Pere de famille, dont la probité & les mœurs étoient conſtatées par ſoixante-huit années de vie paſſées dans la pratique des devoirs du plus honnête homme & du meilleur Citoyen, eſt expiré ſur la roue, fauſſement accuſé d'avoir aſſaſſiné ſon fils aîné trouvé pendu chez lui.

Nous devons à M. de Voltaire, bien plus illuſtre encore par les ſentimens de ſon cœur que par la ſublimité de ſon génie, le bonheur qu'ont eu la veuve & les enfans de ce malheureux Vieillard, de parvenir juſqu'aux pieds du Trône, & de faire entendre au Conſeil du Roi le cri de leur douleur. On y ſollicite actuellement la réhabilitation de la mémoire de l'infortunée victime de la prévention & du préjugé, ainſi que la reſtitution de l'honneur & des biens arrachés par ce ſupplice affreux à cette triſte famille.

Je ſuis chargé de l'impreſſion de tous les Ecrits qui ſe font ſur cette affaire; il ne vous ſera pas difficile de préſumer combien ils ſont intéreſſans. Ceux qui ont paru juſqu'à-préſent ſont,

1°. Des Pieces originales contenant une feuille & demie in-8°.

2°. Un Mémoire même format & de même étendue, publié ſous le nom d'un des fils de ce malheureux Vieillard, & une Déclaration publique d'un autre de ſes fils qui avoit été co-accuſé avec lui.

3°. Un Ecrit hiſtorique de cette affaire, auquel on a joint le récit d'une ſemblable arrivée il y a quelque tems en Angleterre, dans laquelle néanmoins les accuſés innocens n'ont pas ſuccombé.

C'eſt encore à la bienfaiſante humanité de M. de Voltaire que nous ſommes redevables de ces premiers Ecrits. Ce grand homme ne ſe contente point de ſecourir ces malheureux de ſa fortune & de ſon crédit, il conſacre encore ſes rares talens à les défendre & à les ſoutenir. Quel plus bel uſage en pourroit-on faire?

Enfin j'imprime actuellement un Mémoire à conſulter & la Conſultation ſouſcrite par les plus fameux Avocats du Parlement de Paris, dont M. Elie de Beaumont eſt l'Auteur; & un Mémoire de M. Mariette, Avocat au Conſeil, pour l'inſtruction du Public & des Magiſtrats du Conſeil, actuellement ſaiſis de cette affaire.

Je vous offre, Monſieur, la quantité de ces Pieces, dont vous croirez pouvoir vous charger : elles ſont trop intéreſſantes pour que le débit n'en ſoit pas conſidérable.

L'intérêt des inforunés qu'elles concernent, m'oblige à vous déclarer que je les imprime toutes à leur profit & ſans y prétendre aucun bénéfice pour mon compte; leur déſaſtre ne leur a rien laiſſé de l'aiſance dont ils jouiſſoient; le motif de les ſecourir m'arrache ſeul cet aveu, dont l'unique objet eſt de vous engager à veiller à ce que les imprimés que je vous fournirai ne ſoient point contrefaits, ce ſeroit diminuer les reſſources dont ils ont beſoin. Je vous fournirai de ces imprimés autant que vous le déſirerez, & à un prix qui laiſſera toujours ſuffiſamment de quoi vous indemniſer de la peine du débit. En conſéquence jeſpere que vous voudrez bien concourir avec moi, à empêcher ces contrefactions, qui ſeroient préjudiciables à des infortunés dont les malheurs ſont ſi dignes d'intéreſſer tous les honnêtes gens.

MEMOIRE
A CONSULTER,
ET CONSULTATION

POUR la Dame ANNE-ROSE CABIBEL, veuve Calas, & ses enfans.

LA plus infortunée des épouses & des meres supplie des Conseils éclairés de guider ses démarches aux pieds du Trône. Une mort cruelle lui a ravi son fils aîné. Un autre de ses fils, son mari, elle-même, pleurant tous trois sur son cadavre, ont été accusés d'être ses bourreaux : deux témoins nécessaires leur ont été enlevés ; & tandis qu'un échafaud & un bucher ont puni comme parricide un pere qui prenoit ce titre même & le Ciel à témoin de son innocence, un Arrêt a absous tous les autres Co-acusés, dont le crime ou l'innocence étoient indivisibles. Voilà quels maux elle vient présenter à la Justice du meilleur des Rois, avant de perdre par la douleur une vie dont l'honneur seul soutient les restes chancelans. Une main secourable va tracer ici le tableau (*a*) de ses malheurs. Pourroit-on l'attendre d'une épouse & d'une mere? Ses larmes intarissables en effaceroient tous les traits.

Jean Calas, Négociant à Toulouse, épousa en 1731 la demoiselle Cabibel, née à Londres de parens réfugiés. Elle tient à la noblesse la plus distinguée du Languedoc ; elle est cousine issue de germain du Marquis de M. . . . & appartient de fort près à plusieurs Officiers qualifiés, dont nous n'associerons point ici le nom à ses malheurs.

Un commerce de 40 ans entiers, une vie de 68 ans, passée dans l'exercice constant des devoirs de citoyen, d'époux & de pere; six enfans donnés à l'Etat: voilà quels étoient ses titres envers la Société qui l'a vu périr sur un échafaud. Si sa femme & lui étoient du nombre de ceux que nous appellons *nouveaux Réunis*, leur humanité & leurs vertus sociales réclamoient pour eux dans tous les cœurs. Leurs enfans élevés sous leurs

(*a*) *Nota.* Dans une affaire de cette importance, il convient d'indiquer dans quelles sources on puise tous les faits exposés: on les puise, 1°. dans trois Mémoires de Me Sudre, Avocat au Parlement de Toulouse, imprimés à Toulouse, avec nom d'Imprimeur. Le premier de 104 pages in-12, intitulé: *Mémoire* pour le sieur Jean Calas, Négociant de cette ville; dame Anne-Rose Cabibel son épouse, & le sieur Jean-Pierre Calas, un de leurs enfans. Le second de 56 pages in-12, intitulé: Suite pour les sieur & demoiselles Calas. Le troisieme, de 8 pages in-12, intitulé: *Réflexion.* 2°. Dans un Ecrit imprimé, intitulé: *Observations*, en 72 pages in-12, signé, Duroux fils. 3°. Dans deux Mémoires pour le sieur Gaubert Lavaysse, co-Accusé, imprimés à Toulouse, avec nom d'Imprimeur; le premier de 52 pages in-12, le second de 36 pages in-12. Le premier par les sieurs Lavaysse, Avocats au Parlement de Toulouse, pere & frere de l'Accusé; le second paroissant composé par l'Accusé même. 4°. Dans une *Déclaration* du sieur Louis Calas, fils catholique des sieur & dame Calas, imprimée en 7 pages in-12. 5°. Dans deux Lettres imprimées de la dame Calas & de Donat son fils, en 22 pages in-12; lesquelles Lettres ont été présentées à M. le Chancelier & aux Personnes en place, par la dame Calas.

yeux dans l'union, l'obéissance & l'amour, promettoient à la Patrie des citoyens laborieux & fideles, à leurs parens une vieillesse heureuse & tranquille.

Marc-Antoine Calas, Bachelier en Droit, l'aîné de tous, âgé en 1761 de vingt-huit ans, avoit reçu de la nature une imagination sombre & forte, un caractere entreprenant & fier, un génie ardent & extrême, tantôt se roidissant contre les obstacles, tantôt y cédant avec un lâche abattement, & se livrant aux accès d'une noire mélancolie & aux féroces idées du suicide. Les Tragédies les plus atroces, les morceaux de Plutarque, de Seneque, de Montagne, sur la libre destruction de notre être, le fameux Monologue d'Hamlet, Sidney, ses lectures & ses déclamations favorites, nourrissoient dans cette ame, la haine de la vie, & la fausse grandeur de la mépriser.

Invinciblement attaché par son indépendance même à une Religion qui le rendoit Juge de sa propre croyance, il se trouvoit aux Assemblées du Désert, aux Actes de Baptême, aux Inhumations Protestantes, à toutes les cérémonies qui pouvoient prouver son zele. Le défaut d'un Certificat de Catholicité, nécessaire pour la licence, & qu'il n'eût jamais voulu devoir à aucun acte incompatible avec sa croyance, l'arrêtoit dans sa carriere. Son pere n'avoit pu lui en ouvrir une autre, obligé lui-même par la dureté des tems de se resserrer, loin de pouvoir l'associer avec lui. Repoussé du Barreau, écarté du Commerce, sans état, sans ressources, sans espérance pour l'avenir, réduit à être garçon de comptoir chez son pere, tandis que tous les jeunes gens de son âge étoient avantageuſement placés, il étoit en proie à cet ennui d'exiſter, le plus cruel de tous les maux. Il annoncoit à un ami intime (*a*), un mois avant ſa mort, qu'il vouloit s'aller faire recevoir Miniſtre à Geneve, & venir enſuite expirer ſur un échafaud en prêchant les Religionnaires du Royaume.

Du reſte, bien fait de ſa perſonne, robuſte, adroit à tous les exercices du corps, Marc-Antoine excelloit à celui des armes & aux jeux de paulme & de billard, dont le ſecours néceſſaire à ſes peines, étoit devenu une paſſion dans cette ame toujours extrême. Il alloit tous les jours, avant ou après ſouper, à un billard voiſin de ſa maiſon, riſquer ou perdre ſon foible pécule, ſe réduiſant ainſi à des expédiens honteux, & s'expoſant aux juſtes réprimandes d'un pere chargé de ſix enfans.

Louis Calas, le troiſieme fils, plus paiſible & plus doux, avoit été tourné de bonne-heure vers la Religion Catholique. Il le devoit aux ſoins d'une ancienne Servante * qui l'avoit vû naître, & qui avoit jetté en lui les premieres ſemences de ce changement. M. de la Mothe, Conſeiller au Parlement de Toulouſe, s'étant chargé d'en prévenir ſon pere, celui-ci répondit que « pourvu » que la converſion de ſon fils fût ſincere, il ne » pouvoit la deſapprouver, parce que de gêner » les conſciences ne ſervoit qu'à faire des hypo- » crites qui n'avoient aucune religion ». Il fit en même tems remettre les hardes & effets de ſon

* On en parlera ci-après.

(*a*) Me Chalier, Avocat au Parlement de Toulouſe, qui a indiqué un autre Témoin oculaire & auriculaire de ce fait, qu'on auroit dû faire entendre. Me Chalier lui répondit : « mon cher, » c'eſt un mauvais métier qu'un métier qui mene à la potence,

fils avec une somme d'argent ; concerta de son plein gré avec M. l'Archevêque de Toulouse & M. le Procureur Général la dépense de l'apprentissage de son fils dans une maison de commerce à Toulouse ; lui fixa une pension, de concert avec M. Borel, Capitoul, & l'embrassant tendrement chez cet ami commun, « continuez, lui dit-il, » mon fils, à vous bien conduire, & vous serez » content de moi ».

Louis Donat, quatrieme fils, étoit dans une maison de commerce à Nismes. Jean-Pierre, Anne-Rose & Anne, autres enfans, vivoient avec leurs parens.

Une seule servante suffisoit à cette famille modeste. Catholique, zelée & d'une piété édifiante, elle approchoit du Sacrement de Pénitence une fois la semaine, de la sainte Table deux fois, elle avoit communié trois jours avant le jour funeste du 13 Octobre. Servant depuis 30 ans dans la maison, elle se regardoit comme une seconde mere de six enfans qu'elle avoit vu naître ; & quoiqu'elle eût converti Louis, ses parens ne l'en avoient pas cru moins digne de leur continuer ses fideles services.

A l'égard des pere & mere, ils sont assez peints par cette description de l'intérieur de leur famille. Des parens qui consentoient au Catholicisme d'un de leurs enfans, qui continuoient d'aimer & de garder une Domestique dont les insinuations avoient changé sa croyance, qui permettoient que leur aîné entrât dans une profession ouverte aux seuls Catholiques, n'avoient pas sans doute cet enthousiasme féroce, qui étouffe la voix du sang & le cri de la nature ; aussi tout le monde convient qu'ils s'attachoient sur-tout à inspirer à leurs enfans l'amour de leurs semblables, & la pratique des vertus morales, laissant à un Dieu bienfaisant & juste le soin de départir ses dons & ses lumieres.

Un événement affreux a troublé la paix de cette famille vertueuse, en a dispersé les membres, en a fait périr le chef dans de cruels supplices, a porté l'horreur & l'alarme dans une de nos Provinces.

Le 12 Octobre 1761 au soir, arrive à Toulouse, rappellé après 13 mois & demi d'absence, François-Alexandre Gaubert de Lavaysse, âgé de 20 ans, fils d'un célebre Avocat de Toulouse, qui l'avoit placé à Bordeaux dans une maison de commerce. Tout annonce dans ce jeune homme l'honnêteté, la candeur, la vertu. Des certificats (*a*) honorables rendent un témoignage unanime du succès de ses premieres études, de son application aux travaux de son état, de sa sagesse, & de ses mœurs. Sa seule physionomie, ce témoignage heureux de la nature, en dit encore davantage.

Arrivé à Toulouse, il trouve son pere parti pour Caraman sa campagne, soupe & couche chez le sieur Cazeing, & se propose d'aller le 13 à Caraman, si la pluie qui a tombé toute la nuit

(*a*) *Voyez* dans son Mémoire les certificats des Supérieurs de la Maison Religieuse dans laquelle il a fait ses études à Toulouse, des Négocians de Bordeaux, chez qui il a demeuré ; des Correspondans & voisins Catholiques de ces Négocians ; de ses professeurs de Mathématiques & de Langues ; du sieur Abbé Godin, Prêtre respectable honoré de la confiance du Gouverneur de la Province, & qui s'étoit chargé d'avoir l'œil sur le jeune homme ; du sieur Parouti, Chanoine & Docteur en Théologie ; enfin du Curé de la paroisse S. Pierre, sur laquelle il avoit demeuré pendant tout le tems de son séjour à Bordeaux.

le lui permet. Elle cesse vers le midi ; il court imtilement chez tous les loueurs de chevaux. Son malheur le fait passer dans la grande rue (a) où il apperçoit dans la boutique du sieur Calas des personnes de Caraman, qui achetoient des indiennes. L'empressement d'apprendre des nouvelles de sa famille le porte vers elles, ils concertent leur départ pour le lendemain, s'il peut trouver un cheval.

Le sieur Calas pere, ses deux fils Marc-Antoine & Pierre, anciens amis du sieur Lavaysse, l'embrassent, l'invitent à souper. Le jeune homme s'en défend, on le presse. Pierre Calas lui offre d'aller chercher des chevaux avec lui. Cette offre le décide, il accepte ; les deux jeunes gens sortent, parcourent la ville, n'en trouvent point, avertissent le sieur Cazeing de ne point attendre son ami à souper, & rentrent sur les sept heures du soir.

Ce même soir le sieur Calas pere avoit invité à souper un de ses amis qui se trouvoit dans sa boutique, & qui ne put accepter. Il lui fit part qu'il devoit aller chercher le Dimanche suivant ses filles chez le sieur Tissier ; que sa *jeunesse* (ce furent les termes de ce bon pere) seroit de la partie ; il l'invita à partager cette fête de famille, & à venir avec eux.

Par malheur dans ce même tems, il envoya Marc-Antoine chercher des louis pour des écus. Marc-Antoine en ramasse un certain nombre ; & au lieu de les rapporter à son pere, il va jouer dans le billard voisin, où il est constant qu'il paya au marqueur les frais de quelques parties.

(a) Rue de Toulouse la plus marchande & la plus fréquentée.

Perdit-il ces louis d'or, ou des voleurs attirés par la montre imprudente qu'il en fit, se glisserent-ils dans la maison de son pere pour les lui arracher ? C'est ce qu'on ignore. Un fait certain est que cet or ne s'est point retrouvé : un fait certain encore est qu'avant le souper, il fut extrémement sombre & accablé, enfoncé dans un fauteuil, le front appuyé sur une de ses mains, le visage pâle, les yeux agités, & dans un état qui auroit alarmé ses parens, s'ils n'eussent pas été accoutumés à ce triste spectacle.

Sur les sept heures on se met à table. Marc-Antoine mange peu, se leve avant la fin du souper, passe un moment à la cuisine qui joint, au premier, la salle à manger. *Avez-vous froid, Monsieur l'aîné*, lui dit la Servante ? *chauffez-vous. Non, je brûle*, répond ce furieux, & il descend.

Le souper fini, on rentre dans la piece voisine, la conversation se continue entre le pere, la mere & le jeune Etranger, Calas fils s'étant endormi dans un fauteuil. Sur les neuf heures & trois quarts Lavaysse prend congé, on éveille Calas, il éclaire son ami, ils descendent ; & Calas voulant voir si son frere est rentré du billard (où il le supposoit), s'arrête à la porte de la boutique qui étoit ouverte.

Ils entrent. Quel spectacle d'épouvante & d'horreur ! Ils voyent Marc-Antoine suspendu entre les deux battans de la porte du magasin à la boutique. Leurs cris font descendre le pere ; il accourt, il frémit & recule à cette vûe ; la mere veut suivre ses pas ; le jeune Lavaysse court audevant d'elle & l'arrête ; les cris de la douleur & de l'effroi percent les murs ; le pere étend son fils sur le plancher, & veut le rappeller à la vie ; la malheureuse mere s'élance, descend vers le cadavre & le serre dans ses bras; le peuple s'attroupe, & la maison est environnée.

Cependant Gorce, garçon Chirurgien, mandé par la famille au défaut de son maître, arrive, & trouve le cadavre froid, & sa bouche se refermant *comme par ressort*. Les Srs David & la Brive, Capitouls, le Sr Monnier leur Assesseur, se transportent sur le lieu, appellés par les parens pour obtenir la permission d'inhumer, que les Protestans doivent tenir du Magistrat. Lavaysse, qui étoit allé chercher ce dernier, rentre & fait presque violence à la Garde qui vouloit l'empêcher d'entrer dans la maison. Les sieurs Cazeing & Claussade, un Médecin, deux Chirurgiens voyent le cadavre, & ce cadavre paroît froid à tous, en même tems qu'ils voyent ses cheveux nullement dérangés, son linge nullement déchiré, ni même en désordre, son habit proprement plié sur le comptoir, nulle contusion sur sa peau; tous indices d'une mort qu'aucun combat n'avoit précédée.

De-là on se crut, comme dans un cas d'accident ordinaire, dispensé de suivre les formes de la Loi; on ne visita ni les livres & papiers du défunt, ni la maison; on ne dressa point, *sur le champ & sans déplacer*, procès-verbal de l'*état* du cadavre, du *lieu* où il avoit été trouvé, *& de tout ce qui pouvoit servir pour la décharge ou la conviction*, comme la Loi l'ordonne *; omissions qui auroient été autant de prévarications honteuses, si l'on eût cru alors qu'il y avoit un crime & des coupables.

* Ordon. de 1670, tit. 4. art. premier.

Mais au moment même où les Officiers alloient

laiſſer les malheureux parens livrés à leur douleur, tout-à-coup du milieu de la populace attroupée, une voix fanatique s'écrie que Marc-Antoine devoit abjurer. Une autre fixe hardiment l'abjuration au lendemain même. Une troiſieme aſſure que la Religion Proteſtante autoriſe l'aſſaſſinat des enfans qui veulent changer; & des voix de ces miſérables ſe forme à l'inſtant cette rumeur : ils pourroient bien avoir aſſaſſiné leur fils, ils l'ont aſſaſſiné.

Le ſieur David, Capitoul, donnant trop légérement croyance à une clameur dont il falloit arrêter l'auteur, veut conduire la famille à l'Hôtel-de-ville. Le ſieur Brive, ſon Collegue, s'y oppoſe en vain, en lui repréſentant l'abſurdité & l'horreur d'un ſoupçon que perſonne n'oſe avouer parmi ceux même qui l'ont répandu. « Je prends » tout ſur mon compte, dit-il, qu'on les emme» ne ». Au même inſtant il monte dans la chambre où les pere & mere accablés, immobiles, confondoient leur douleur avec celle de leur jeune fils, du jeune Lavayſſe, & de la ſervante, raſſemblés près d'eux; les fait conduire à l'Hôtel-de-ville, ainſi que le ſieur Cazeing; y fait tranſporter le cadavre. Que ne ſuivoit-il du moins alors les formes tracées par la Loi? Que ne dreſſoit-il, *ſur le champ & ſans déplacer*, ce Procès-verbal ſi néceſſaire, qu'on leur devoit *à décharge comme à conviction?*

Se voyant conduits à l'Hôtel-de-ville, ils croyent qu'on veut leur demander avec plus de tranquillité des éclairciſſemens ſur ce triſte événement, ainſi qu'au ſieur Cazeing, qu'au ſieur Lavayſſe qu'ils y voyent conduire avec eux. Ils s'attendent tellement à rentrer ſur-le-champ dans leur maison (& cette observation est précieuse, pour l'innocence), que le jeune Calas laisse dans l'allée une lumiere pour éclairer le retour.

On leur demande à l'Hôtel-de-Ville comment Marc-Antoine est mort ; ils répondent ainsi qu'ils en étoient convenus pour écarter l'idée du suicide & les condamnations infamantes qui le suivent, qu'ils ont trouvé le corps étendu par terre.

Mais bientôt des cachots leur apprennent qu'ils sont accusés d'un parricide. D'un parricide ! & nul témoin n'ose se présenter contr'eux pour accuser la uature !

Nulle feinte alors. L'amour de la vérité, plus que celui de la vie, les rend unanimes sans concert. Interrogés juridiquement sous la foi du serment, ils répondent tous séparément & sans s'être communiqués, sans même l'avoir pû depuis l'instant de leur détention, que Marc-Antoine a été trouvé pendu à un billot (*a*) portant sur les deux battans de la porte du magasin à la boutique.

Mais cette rumeur horrible, qui avoit occasionné leur détention, les conduit rapidement à leur perte. Ce Capitoul, *qui avoit pris tout sur son compte*, trouve dans les mouvemens d'une populace ameutée une sorte d'excuse contre les reproches de précipitation & d'imprudence. Les gens sensés résistoient à ces bruits abominables. Voici par quels événemens rassemblés les esprits sont soulevés, & donnent peu-à-peu à cette affreuse rumeur une force que lui refusoient la raison & la nature.

(*a*) On appelle billot un bâton long & cylindrique, de chêne ou de buis, en forme de cylindre applati par un bout, & servant à emballer en serrant les cordes.

*

Le jeune Lavayſſe & la ſervante, témoins néceſſaires, s'ils n'étoient pas coupables, appartenoient aux pere, mere, & fils accuſés. On les accuſe auſſi, on les empriſonne de l'ordre du *Chef du Conſiſtoire* (*a*), on les décrete enſuite, & l'on ravit aux Accuſés la précieuſe reſſource de leur témoignage.

Le lieu, l'état du cadavre devoient être conſtatés *ſur le champ & ſans déplacer*. On dreſſe à l'Hôtel-de-Ville une eſpece de verbal qu'on date de la maiſon de Calas, date contre laquelle il y a une Requête en inſcription de faux.

Le Médecin & les Chirurgiens appellés d'abord, font un Rapport de mémoire, & le dreſſent dans leurs maiſons, encore contre la diſpoſition de l'Ordonnance.

Les Accuſés avoient déclaré que Marc-Antoine avoit ſoupé avec eux, fait aſſez indifférent, dès que le jeune Lavayſſe ſoutenoit l'avoir vû vivant le ſoir même au moment du ſouper, & en même tems n'avoir pas quitté d'un ſeul inſtant le pere, la mere & le frere. Au lieu de donner à des Médecins le ſoin de diſſerter ſur les regles phyſiques de la digeſtion, on fait venir un Chirurgien (*b*)

(*a*) M. Faget, Avocat au Parlement, eſt le premier des Capitouls.

(*b*) Le Chirurgien la Marque, en décidant que Marc-Antoine n'avoit pris des alimens que 3 ou 4 heures avant ſa mort, & que ces alimens devoient être du bœuf, prouvoit clairement ſon ignorance; car ces alimens ne pouvoient être ceux du dîner, puiſque la famille dînoit à midi & demi au plûtard : ce ne pouvoient être non-plus ceux du goûter, ſoit parce qu'on ne mange pas de viande à ce leger repas, ſoit parce que le tems du goûter & l'intervalle de l'heure du goûter à celle du ſouper avoient été employés à recevoir le jeune Lavayſſe à aller chercher de l'or pour des écus, & à jouer au billard immédiatement avant ſouper : ce devoient donc être les alimens du ſouper, & effectivement Marc-Antoine avoit mangé un quartier de pigeon, *viande d'une couleur griſâtre*, & deux grappes de raiſin. Or

ignorant, auquel Pierre Calas avoit observé un jour dans un rapport qu'il prenoit l'œil droit pour l'œil gauche ; cet homme décide que les alimens qu'il trouve dans l'estomac devoient avoir été pris depuis trois ou quatre heures lorsque Marc-Antoine Calas étoit mort, & qu'ils ressembloient par leur couleur grisâtre à du bœuf. On livre ce rapport à la multitude, qui le saisit avidement, & l'on répand dans toute la Ville » les regles phy-» siques de la digestion s'opposent à ce que Marc-» Antoine ait soupé, donc ses parens ont fausse-» ment déclaré qu'il a soupé avec eux, donc ils » l'ont assassiné ». Horrible conséquence qui humilie notre raison & qui change en autant de bourreaux du malheureux Calas des Concitoyens honnêtes qu'on a vûs ensuite donner des larmes à son supplice !

Deux faits plus graves encore suivirent ces premiers, & préparerent la condamnation. Il est de regle & d'équité naturelle qu'un Monitoire qui s'accorde pour découvrir si un crime a été commis, ne présuppose point l'existence de ce crime, ou que s'accordant seulement pour découvrir lequel de plusieurs crimes a été commis, il n'en présuppose pas un plûtôt qu'un autre. Ces principes qui assurent l'honneur & la vie des Citoyens, ne furent point observés à l'égard de ces infortunés, que tout entraînoit à la mort.

On publia un Monitoire tel, qu'il étoit impossible de ne pas regarder les Accusés comme des Parricides, & tel encore, que sa tournure écartoit tous les témoins qui auroient pu déposer ou du suicide de Calas, ou de son assassinat par gens

ce Chirurgien a trouvé, suivant son rapport, une peau qu'il a cru être de volaille, & des enveloppes de raisin.

du dehors. Ces témoins se trouvoient écartés ; en ce qu'il est de droit que toute déposition qui ne porte pas sur des faits renfermés au Monitoire, est réputée mendiée & par conséquent nulle. Voici en quels termes cette piece étoit conçue.

CHEFS DU MONITOIRE.

1°. Contre tous ceux qui sçauront par oui-dire ou autrement, que le sieur Marc-Antoine Calas aîné avoit renoncé à la Religion Prétendue Réformée, dans laquelle il avoit reçu l'éducation, qu'il assistoit aux cérémonies de l'Eglise Catholique, Apostolique & Romaine ; qu'il se présentoit au Sacrement de Pénitence, & qu'il devoit faire abjuration publique après le 13 du présent mois d'Octobre ; & contre tous ceux à qui Marc-Antoine Calas avoit découvert sa résolution.

2°. Contre ceux qui sçavent par oui-dire ou autrement, qu'à cause de ce changement de croyance le sieur Marc-Antoine Calas étoit menacé, maltraité & regardé de mauvais œil dans sa maison, que la personne qui le menaçoit lui a dit *que s'il faisoit abjuration publique*, il n'auroit d'autre bourreau que lui.

3°. Contre ceux qui sçavent par oui-dire ou autrement, qu'une femme qui passe pour attachée à l'hérésie, invitoit son mari à de pareilles menaces, & menaçoit elle-même Marc-Antoine Calas.

4°. Contre ceux qui sçavent par oui-dire ou autrement, que *le 13 du mois courant au matin, il se tint une délibération dans une maison de la paroisse de la Daurade, où la mort de Marc-Antoine fut résolue & conseillée*, & qui auront le même matin vû entrer ou sortir de ladite maison un certain nombre desdites personnes.

5°. Contre tous ceux qui sçavent par oui-dire ou autrement, que le même jour 13 du mois d'Octobre, depuis l'entrée de la nuit jusques vers les dix heures, cette exécrable délibération fut exécutée, *en faisant mettre Calas à genoux* qui par surprise ou de force, fut étranglé ou pendu avec une corde à deux nœuds coulans ou baguettes, l'un pour étrangler, l'autre pour être arrêté au billot servant à serrer les balles, au moyen desques Marc-

Antoine Calas fut étranglé & mis à mort par suspension ou par torsion.

6°. Contre tous ceux qui ont entendu une voix criant à l'assassin, & de suite, ah, mon Dieu, que vous ai-je fait! faites moi grace ; la même voix étant devenue plaignante & disant : ah, mon Dieu ! ah, mon Dieu !

7°. Contre tous ceux auxquels Marc-Antoine Calas avoit communiqué les inquiétudes qu'il essuyoit dans sa maison, ce qui le rendoit triste & mélancolique.

8°. Contre tous ceux qui sçavent qu'il arriva de Bordeaux la veille du 13 un jeune homme de cette Ville, qui n'ayant pas trouvé des chevaux pour aller joindre ses parens qui étoient à leur campagne, ayant été arrêté dans une maison, fut présent, consent, ou participant à l'action.

9°. Contre tous ceux qui sçavent par oui-dire ou autrement, qui sont les auteurs, complices, fauteurs, adhérens de CE CRIME, qui est des plus détestables.

Enfin, contre tous sachant & non révélant les faits ci-dessus, circonstances & dépendances.

Un tel Monitoire ne pouvoit être admis par des Juges instruits des regles. Aussi on doit à l'Official de Toulouse cette justice, qu'il ne l'accorda point. Il le fut par un Vicaire général, irrégularité frappante & d'autant plus grave ici, qu'outre l'inobservation d'une loi positive, elle a blessé, en laissant présupposer le parricide, cette regle du droit naturel, qui obligeoit de publier le Monitoire *à décharge comme à conviction*.

Quel homme, après ce signal de mort, eût pu déposer en faveur des Accusés ? Quel homme eût pu venir *révéler* des faits relatifs ou à l'assassinat par gens de dehors, ou à l'homicide, lorsque les *révélations* ne devoient rouler que sur le parricide, lorsque toutes autres *révélations* devoient être rejettées comme étrangeres, comme offertes, & comme nulles ?

Et ce ne furent point alors de vaines terreurs. Me Challier, Avocat, qui *trouva moyen* (*a*) de faire entendre sa déposition sur le dessein de Marc-Antoine d'aller se faire recevoir Ministre à Genève, & de venir ensuite prêcher dans le Royaume, indiqua un autre témoin de ce fait. Tous deux auroient fait une preuve complette du Protestantisme ferme & décidé de Marc-Antoine. Ce témoin ne fut point entendu. Me Lavaysse pere, observe dans son Mémoire, pour son fils, * que » le Procureur du Roi & les Capitouls dédaignerent de faire assigner plusieurs témoins qui s'étoient présentés à leur Curé pour révéler » des faits intéressans pour la défense de ce vertueux offensé.

* Page 8.

Ainsi l'on empruntoit de la Religion même des armes pour offenser la Nature, & nos Temples retentissoient de l'horrible accusation du parricide, lorsque la Loi ne voyoit pas encore de preuves, & défendoit de désigner aucun crime.

Mais ces Temples furent bien plus cruellement souillés par une pompe meurtriere, qui acheva d'enflammer les esprits.

Lorsque la principale question devoit rouler sur la religion de Marc-Antoine, qu'on supposoit avoir été assassiné par ses parens, en haine de sa prochaine abjuration, tandis que d'un autre côté les plus fortes preuves devoient le faire regarder comme vrai Protestant; deux Capitouls & un Assesseur tranchent tout-à-coup cette question, & par-là celle du parricide, en statuant par une

(*a*) On se sert de cette expression, parce que ce ne fut qu'en annonçant qu'il avoit à révéler un fait important, sans le spécifier au Curé, qu'il fut entendu.

Ordonnance,

Ordonnance, qu'il ſera inhumé, par proviſion, en terre ſainte. En vain le Curé de Saint Etienne s'oppoſe à cette Ordonnance, au moins inutile & précipitée; les remontrances de ce ſage Paſteur n'arrêtent point des hommes trop livrés à leur ſiniſtre opinion, & dont l'un, dès le premier pas, avoit *pris tout ſur ſon compte.*

Avec quel appareil cette Ordonnance eſt exécutée! Un jour de Dimanche, à trois heures après-midi, cinquante Prêtres, ſuivis de la Confrérie des Pénitens blancs, transférent pompeuſement le cadavre dans une Egliſe, & là les honneurs funébres que la Religion accorde à ſes ſeuls enfans, ſont décernés à un homme qu'aucun Miniſtre des Autels n'avoit jamais vû invoquer ſes ſecours, ou participer à ſes myſteres.

Le faſte affecté de cette inhumation ne fut que le prélude d'un ſpectacle plus propre encore à échauffer la multitude. Quelques jours après, les Pénitens blancs (auxquels Marc-Antoine ne pouvoit tenir par aucun titre) font célébrer dans leur Chapelle un ſervice pour le repos de ſon ame. Tous les Ordres Religieux y aſſiſtent par députés. Au milieu de l'Egliſe tendue de blanc, s'éleve un magnifique Catafalque; ſous le ciel eſt placé un ſquelette humain, emprunté par le Fanatiſme (*a*), & repréſentant Marc-Antoine. Dans une main il tient un papier, ſur lequel on lit, *ABJURATION DE L'HERESIE*; & dans une autre, une palme, emblême de ſon martyre..

Le lendemain un pareil Service ſe fait dans l'Egliſe des Cordeliers de la grande Obſervance.

(*a*) Un Chirurgien prêta ce cadavre & crut, pour nous ſervir des termes de l'Evangile, *obſequium præſtare Deo.*

Le peuple s'y porte avec fureur ; des bruits de miracles se répandent ; un culte religieux est rendu à celui qui dans ce moment expie peut-être un crime que les Payens mêmes (*a*) croyoient puni par d'éternels supplices. Et c'est dans une de ces Capitales, c'est au milieu d'un siecle qui se dit éclairé, que la France voit préparer par de tels spectacles la mort de cinq de ses Citoyens, & préjuger un parricide ! Ce sont des Capitouls, des hommes choisis par leurs Concitoyens pour être leurs Défenseurs en même tems que leurs Juges, qui, sans avoir de preuves contre une famille honnête (puisqu'on en cherchoit par la voie du Monitoire), permettent cette pompe, y donnent lieu du moins par leur Ordonnance dont il souffrent l'abus, & restent encore sur le Tribunal pour juger ceux qu'ils viennent d'avance de condamner !

Une Procédure entamée sous de tels auspices, ne faisoit pas attendre beaucoup de régularité. Aussi d'abord les confrontations furent trouvées si mal faites, que les premiers Juges les casserent eux-mêmes, & en firent de nouvelles ; autre cause de récusation à laquelle ils ne s'arrêterent point.

Le 18 Novembre, à cinq heures de relevée, (quoique par un usage plein d'humanité, les Jugemens criminels doivent se prononcer le matin) ils ordonnerent que Calas pere, sa femme & son fils seront appliqués à la question ordinaire & extraordinaire. A l'égard de Lavaysse & de la servante, on ordonne qu'ils seront seulement *présentés* à la question ordinaire, forme de pro-

(*a*) *Proxima deindè tenent mœsti loca qui sibi lethum*
Insontes peperere manu, lucemque perosi
Projecêre animas, &c. Æneïd. Lib. 6.

noncer inouie, par laquelle on tenta vainement de répandre la terreur dans l'ame du jeune Lavayſſe, en faiſant ſupprimer le mot *préſenté*, lors de la prononciation.

Les Accuſés appellerent, &, comme pour les en punir, ils furent chargés de fers en ce moment même, quoiqu'au moyen de leur appel, il n'appartînt qu'au Parlement de leur infliger cette peine.

Le 5 Décembre 1761 la Tournelle « caſſa la » Sentence rendue par les Capitouls; leur fit dé- » fenſes d'ordonner à l'avenir que les prévenus » ſeroient ſeulement *préſentés* à la queſtion ſans y » être appliqués, & avant dire droit ſur l'Inſtan- » ce d'excès, ordonna qu'à la diligence du Pro- » cureur Général du Roi, *l'inquiſition* commen- » cée ſeroit continuée »; diſpoſition qui équivaut à ce que nous appellons ici *un plus amplement informé.*

Rien ne paroiſſoit donc encore en ce moment devoir traîner à l'échafaud un pere dont la vie paſſée, la modération, la bonté envers ſes enfans, garantiſſoient ſi fortement l'innocence contre des indices vains & arbitraires.

L'information ayant été continuée par un Conſeiller de la Cour, & le Procès mis en état, voici de quelle maniere l'Affaire ſe préſentoit aux juges.

Marc-Antoine pouvoit avoir été tué par des étrangers. Il pouvoit s'être défait lui-même. Il pouvoit avoir été tué par des perſonnes de la maiſon; & ce dernier cas ſe ſubdiviſoit en deux.

Il pouvoit avoir été tué par ſon pere ſeul. Il pouvoit l'avoir été par tous les Accuſés, ou par pluſieurs d'entr'eux.

1°. Avoit-il été tué par des étrangers ? C'étoit là ſans doute la premiere queſtion à examiner, & la choſe étoit poſſible.

La porte de l'allée de Calas reſtoit ouverte juſqu'au ſoir, & ne ſe fermoit à la groſſe clef qu'à l'heure du coucher. Une grande cour eſt au fond de la maiſon avec un corps de logis occupé par le Propriétaire. La famille Calas, logeant ſur la rue, ne faiſoit aucun uſage de cette cour : tout étranger avoit droit d'entrer dans leur allée & dans la cour malgré eux.

Le ſoir du 13 Octobre Marc-Antoine avoit été vû allant chercher de l'or dans pluſieurs boutiques ; il en avoit fait une montre imprudente au billard, & cet or ne ſe retrouvoit point.

Enfin trois témoins dépoſoient avoir entendu A NEUF HEURES ET DEMIE, AU VOLEUR, *on m'aſſaſſine, on m'étrangle*. Les Accuſés à la vérité rejettoient invinciblement cette dépoſition, & prouvoient que les cris entendus avoient été ceux de leur douleur, & non ceux du mort, parce que vers les neuf heures & demie il étoit DEJA FROID COMME UN MARBRE. Mais ſi malgré ce moyen la dépoſition frappoit, elle devoit donc frapper dans ſon *entier* ; on devoit donc en prendre *tout* le contexte ; alors on trouvoit une preuve toute acquiſe d'un aſſaſſinat commis par des *voleurs* qui avoient enſuite ſuſpendu Marc-Antoine, pour jetter le ſoupçon de ſa mort, ou ſur lui-même, ou ſur les perſonnes de la maiſon : & cette preuve devoit avoir d'autant plus de force, que n'y ayant point eu de viſite de la maiſon, contre la diſpoſition de l'Ordonnance, la poſſibilité d'un tel événement ſubſiſtoit toute entiere.

2°. Marc-Antoine s'étoit-il défait lui-même ? C'étoit la seconde question à examiner dans l'ordre de la nature, comme dans celui de la Justice.

Rien de plus possible encore. On a peint son caractere sombre & atroce ; on a montré son goût & ses lectures ; & ceci n'est point un portrait apprêté pour l'Affaire. Le Monitoire même l'annonce *triste & mélancolique*. La déposition de Me Challier donnoit la plus grande vérité à ce portrait. Que ne l'a-t-on suivie ? Que n'y a-t-on joint celle du témoin qu'il indiquoit ? On auroit vû un homme sans état, sans ressources, humilié de son obscurité, voulant en sortir à la maniere des Empedocles & des Erostrates, plus entraîné à la prédication dans nos Provinces, par ce desespoir qui fait des fanatiques, que par ce courage généreux, qui fait des confesseurs, peut être avili à ses propres yeux par la perte de l'or qu'il devoit rendre à son pere ; & en réunissant toutes ces circonstances, on eût trouvé une telle ame montée au degré le plus prochain du suicide.

Mais quels puissans argumens se tiroient de l'état du cadavre ! Des cheveux nullement dérangés, le linge ni déchiré, ni même en désordre, nulle meurtrissure, nulle marque de résistance ou de combat, son habit plié sur le comptoir, l'impression de la corde *, après avoir parcouru le devant du col, remontant à côté des oreilles, & aboutissant à la partie ultérieure * de la tête, voilà quels étoient les témoins muets du suicide. Qu'il y eût eu strangulation ou torsion, l'impression de la corde eût été horisontale autour du col ; le nœud coulant eût fait une *équimose* ou

* Mémoire intitulé Suite, p. 6.

* L'occiput.

meurtrissure dans quelque partie de la circonférence du col; la corde se seroit trouvée tordue; la langue auroit débordé les dents & les lévres; ces lévres se seroient trouvées chargées d'écume. Rien de tout cela. Qu'il y eût eu suspension après la strangulation ou torsion, le col auroit eu deux impressions de corde, l'une horisontale & circulaire plus marquée, l'autre de bas en haut moins forte & moins enfoncée. Nulles vestiges semblables.

A l'égard du lieu sur lequel on a fait tant & de si vaines dissertations, qui peut nier qu'il ne fût très-propre à la suspension? Les uns ont soutenu la porte trop haute, les autres trop basse, tant la passion est sujette à se combattre par elle-même; & l'on prétend, si toutefois un tel fait est croyable, que des Capitouls ont mené le bourreau sur le lieu pour juger de la prétendue impossibilité physique.

Mais au vrai la porte avoit neuf pans* de hauteur, c'est-à-dire six pieds, sa partie supérieure étoit en barreaux à jour; ses deux battans un peu rapprochés portoient à terre sans jeu, sans mobilité, les gonds & pentures s'étant relâchés. Sur le haut des battans étoient des cordes ou ficelles servant aux emballages, & qui auroient arrêté le billot d'ailleurs applati par un bout, & suffisamment assujetti par le poids du corps. La largeur de la porte n'étant que de cinq pans, les deux battans rapprochés de plus de quatre pouces de chaque côté, & fixés par leur stabilité ancienne, pouvoient bien supporter les extrémités d'un billot long de quatre pans & demi. Enfin un escabeau, une chaise, des marchandises en balle, les barreaux de la porte facilitoient l'acte, & ren-

* Un pan est de huit pouces.

doient la suspension aussi pratiquable, que le suicide paroissoit démontré. En effet, le lendemain avant que la corde & le billot eussent été portés à l'Hôtel-de-ville (car on négligea par une précipitation extrême ces pieces de conviction), des jeunes gens * réitérerent la suspension, en plaçant le billot, se suspendant des mains à la corde, & s'agitant avec violence, sans que ni les battans, ni le billot, cessassent d'être fermes à leur place, expérience vûe par des soldats de garde, qui l'avoient faite eux-mêmes.

* Mém. p. 45.

3°. Calas, pere, avoit-il tué son fils? Horrible question que la nature repousse, & qu'on n'aborde qu'en tremblant! Par quelle fatalité les esprits entraînés par une impulsion premiere, se sont-ils portés avec impétuosité vers cette question, comme la seule, comme la nécessaire, comme la véritable, tandis que l'impossibilité morale, l'impossibilité physique, l'impossibilité légale, combattoient pour un pere?

IMPOSSIBILITÉ MORALE. Un pere tuer son fils... Un pere tuer son fils pour cause de religion, quand il garde depuis trente ans une servante la plus zelée Catholique, quand il la garde après qu'elle lui a converti un de ces enfans, quand il traite en pere ce fils converti, quand il souffre que celui dont on le nomme parricide, s'engage dans un état qui exige des actes, des épreuves, une profession publique de Catholicité! A quelle heure encore & dans quel lieu? à huit heures du soir, sur la rue la plus fréquentée de Toulouse, environné de voisins, au lieu de prendre soit quelque occasion à la campagne, soit son premier sommeil dans la profondeur de la nuit, soit même (on frémit de le dire, mais il faut en cette horrible affaire offenſer la nature pour la défendre), ſoit même le poiſon, puiſque le parricide une fois projetté, il n'avoit pas à ſe révolter ſur le choix des moyens, Et pour quelles cauſes ? parce qu'il va abjurer le lendemain, tandis qu'on ne trouve dans ſa chambre ni livres catholiques, ni livres de controverſe, qu'on ne connoît ni Prêtre, ni aucun autre qui l'ait inſtruit, ni Confeſſeur qui l'ait entendu, qui l'ait abſous, qui l'ait préparé à cette communion qu'on a dit devoir accompagner l'abjuration même ?

IMPOSSIBILITÉ PHYSIQUE. Un pere âgé de ſoixante-huit ans, ayant les jambes enflées & chancelantes, a-t-il pu pendre ſeul un fils âgé de vingt-huit ans, robuſte, le plus adroit de la ville à tous les exercices du corps ? Qu'on les mette même à forces égales, l'impoſſibilité ſubſiſte, parce que la nature toute ſeule défend l'un & terraſſe l'autre. Quel homme, quel Juge, quel pere a pu ſeulement ſe peindre cet affreux combat qu'il a fallu concevoir néanmoins pour l'envoyer au bucher ? Quelles traces en a-t-on trouvées, quand on n'a vu ni cheveux dérangés, ni linge dechiré, ni meurtriſſures, ſoit ſur le pere, ſoit ſur le fils, ni impreſſion horiſontale de la corde, ni rien, en un mot, qui pût faire ſoupçonner le moins vraiſemblable des crimes ?

IMPOSSIBILITÉ LEGALE. Cinq Co-accuſés ſoutiennent conſtamment, perſévéramment, ſans s'être communiqués, ne s'être jamais quittés un ſeul inſtant. Deux d'entr'eux (le jeune Lavayſſe & la ſervante) avoient le plus grand intérêt à ſoutenir le contraire, pour faire ceſſer une accuſation dont bien des perſonnes auroient voulu les voir dégagés. Leurs ames ne connoiſſent en ce danger pressant d'autre intérêt que celui de la justice & de la vérité. Ils perséverent à la vûe d'une question menaçante, & ces Co-accusés ne sont point convaincus de faux. Bien plus, on en absout quatre dans la suite. Quelle puissance sur la terre pouvoit condamner le cinquieme ?

4°. Enfin plusieurs des Accusés, ou tous ensemble, avoient-ils tué Marc-Antoine ? A la vérité ils l'avoient pu physiquement; mais l'impossibilité physique subsistoit en entier, relativement à l'état de ses cheveux, à celui des habits & du linge, au défaut de meurtrissures, soit du côté des Accusés, soit du côté du mort, au défaut enfin d'impression horisontale de la corde.

L'impossibilité légale subsistoit de même, dès que tous les Accusés soutenoient avoir toujours resté en haut, avoir trouvé le corps au rez-de chaussée, & que ce soutien ferme & non concerté n'étoit pas détruit.

Mais quelle force dans cette hypothese du côté de l'impossibilité morale ! Ce n'est plus seulement un pere qui assassine son fils. Un ami plein de douceur & de candeur, un frere, une mere, un pere, deviennent tout-à-coup quatre monstres exécrables, commettent de sang froid, sans s'être concertés auparavant, le plus affreux des forfaits, & c'est la Religion qui arme leurs bras! Mais tout-à-coup cette hypothese même est détruite. Une Catholique d'une piété exemplaire & soutenue, qui vient de communier depuis trois jours, qui a converti l'un des enfans, devient la meurtriere de l'autre ; elle se joint à ces monstres ; elle ne défend pas Marc-Antoine qu'on assassine en haine de son abjuration du lendemain ; elle ne lui fait pas un rempart de son corps ; elle ne lui appelle pas du moins du secours par ses cris !

Voilà dans quel état l'affaire se présentoit aux Juges de la Tournelle. Voilà quelle étoit la gradation des questions ; quelle possibilité influoit sur la décision des unes ; quelles impossibilités résistoient aux autres.

Contre la douleur d'entamer d'abord la question du parricide, & de ne voir qu'elle, contre les impossibilités de tout genre qui l'écartoient avec tant de force, on opposoit des indices. Les Accusés en détruisoient l'induction par des réponses solides, & par cette réponse générale, souverainement juste, qu'on ne pouvoit les leur opposer, après leur avoir ôté les voies de droit, qui leur en auroient procuré de plus forts, & même des preuves contraires.

Il convient toutefois d'exposer ces indices, ce qui forme, pour ainsi dire, l'exposition du Procès entier ; & par leur lecture on aura du moins cette satisfaction si précieuse pour les ames éclairées & honnêtes, de n'avoir pas placé mal sa pitié, de n'avoir pas répandu d'inutiles larmes. Quelle immense distance de ces indices à un parricide !

Ils peuvent se diviser en quatre classes. 1°. Discours & mauvais traitemens imputés au pere, soit relativement à son fils Louis devenu Catholique, soit relativement à Marc-Antoine. 2°. Discours imputés à Pierre Calas sur les changemens de religion. 3°. Apparences de changement de religion dans Marc-Antoine, & doctrine de l'Eglise Protestante sur ces changemens. 4°. Indices & oui-dire relatifs au fait même. On va parcourir exactement chacune de ces classes.

PREMIERE CLASSE D'INDICES.

Discours & mauvais traitemens imputés au pere, soit relativement à son fils Louis devenu Catholique, soit relativement à Marc-Antoine.

INDICES.

1°. Le sieur Calas pere, a enfermé pendant quinze jours son fils Louis au pain & à l'eau dans une cave, pieds nuds, pour punir ou empêcher sa conversion ; il lui a tiré un coup de pistolet, le pere étant dans son comptoir & Louis son fils dans la boutique.

REPONSES.

Un seul témoin par oui-dire dépose de l'emprisonnement dans la cave. Louis le nie par une déclaration solemnelle & imprimée, ainsi que le prétendu coup de pistolet qui auroit été entendu dans la rue, qui auroit fait éclat, & dont cependant personne ne dépose. Le sage discours tenu par le pere à M. de la Mothe, Conseiller au Parlement, qui lui annonçoit la conversion de son fils, les arrangemens volontairement concertés avec M. l'Archevêque & M. le Procureur Général, la pension fixée avec le sieur Borel, Capitoul, les tendres embrassemens donnés par le pere à son fils en présence du sieur Borel, sont la plus forte de toutes les réponses. D'ailleurs, le fils s'étant retiré de la maison avant de faire annoncer sa conversion par M. de la Mothe, dans quel tems pourroit-on placer cette prétendue priſon pour punir ou empêcher une converſion juſqu'alors ignorée ?

INDICES.

2°. La nommée Couderc, aſſociée de la Danduſe, étant entrée dans le magaſin du ſieur Calas *à ſept heures* du matin, 15 jours avant la mort de Marc-Antoine, a vu le ſieur Calas pere tenant ce fils au collet & lui diſant, *il ne t'en coûtera rien que la vie*, ou bien *ſi tu ne changes, je te ſervirai de bourreau.*

Le ſieur Bergerot paſſant devant la maiſon du ſieur Calas vers le milieu de la ſemaine qui précéda celle de la mort de ſon fils, vit le pere ſe promenant dans ſa boutique avec un homme habillé de gris, ayant un chapeau bordé, & lui entendit dire à cet homme : *» s'il change* ou *s'il ne » change, je le tuerai ».*

REPONSES.

Le ſieur Calas pere a propoſé pour 9e. fait juſtificatif, qu'on l'admît à prouver que l'aſſociée de la Danduſe (deux femmes de la lie du peuple auxquelles il avoit refuſé peu avant des indiennes à crédit) avoit déclaré publiquement à la place de l'Hôtel-de-ville, qu'on avoit inſéré par erreur dans ſa dépoſition, qu'elle avoit vu le ſieur Calas pere maltraitant ſon fils, qu'elle n'avoit entendu dépoſer de ce fait *que par oui-dire.*

Le ſieur Calas a répondu dans un interrogatoire, qu'il avoit fait vers le même tems, mais non dans ſa boutique ni à cette heure, une vive & forte reprimande à ſon fils ſur ſa fureur pour le billard. Il a auſſi offert de prouver que jamais dans cette ſaiſon il ne deſcendoit dans ſa boutique avant *huit heures* paſſées.

A l'égard du prétendu diſcours rapporté par le ſieur Bergerot, le ſieur Calas l'a nié. Rapporté d'ailleurs avec la négative *ne*, il prouveroit plutôt pour le ſieur Calas que contre, n'ayant aucun trait à la religion, ni à Marc-Antoine plutôt qu'à un autre. Si même le ſieur Calas avoit dit *s'il change de Religion*, cela n'auroit pu s'entendre que d'un acte formel d'abjuration, puiſqu'il laiſſoit ſon fils aller dans nos Temples, & étudier en Droit. C'eſt même ce qu'annonce formellement le ſecond chef du Monitoire, en n'attachant la menace de mort qu'au cas d'ABJURATION PUBLIQUE. Or n'y ayant pas la plus foible preuve de cette abjuration, la menace feroit reſtée ſans objet & ſans ſuite. D'ailleurs c'eſt un témoin unique.

DEUXIEME CLASSE D'INDICES.

Diſcours imputés à Pierre Calas, ſur ſon changement de Religion.

INDICES.

3°. Cazeres, garçon Tailleur du ſieur Bou, a entendu un jour ouvrable du mois d'Août 1761, Pierre Calas diſant à la dame Bou, lorſque celle-ci envoyoit ſes garçons recevoir la Bénédiction qui venoit de ſonner, » Vous ne penſez qu'à vos » Bénédictions vous autres : *on peut ſe ſauver dans » les deux Religions.* Deux de mes freres penſent » comme moi ; ſi je ſçavois qu'ils vouluſſent chan-

» ger, je ferois en état de les poignarder. Si j'a» vois été à la place de mon pere quand Louis » fe fit Catholique, je l'aurois fait mourir ».

REPONSES.

On n'envoye point des garçons un jour ouvrable à la Bénédiction. On ne leur fait point ainfi quitter leur ouvrage. Le difcours prêté à Pierre eft abfurde ; car *fi l'on peut fe fauver dans les deux Religions*, pourquoi donc poignarder un frere? Mais dans le vrai la dame Bou & deux autres garçons Tailleurs de la même boutique, tous les trois Catholiques, ont nié formellement ce difcours prétendu tenu devant eux, & ont ainfi démenti ce témoin unique, homme de néant, fans domicile, & appellé de Montpellier pour cette dépofition, fur laquelle il eût été bien plus fimple d'entendre les trois témoins réfidens à Touloufe. C'eft le quatrieme fait juftificatif propofé par le fieur Calas.

TROISIEME CLASSE D'INDICES.

Apparences de changement de Religion dans Marc-Antoine Calas, & Doctrine de l'Eglife Proteftante fur ces changemens.

INDICES.

4°. Marc-Antoine a voulu changer de Religion, car on l'a vu quelquefois dans nos Temples.

REPONSES.

Il a pu y affifter, foit pour furprendre à la

fin (sans être réduit à des actes incompatibles) un certificat de Catholicité, afin de finir sa licence, soit pour entendre la musique dont il étoit amateur, soit pour entendre des sermons de morale par des Prédicateurs célebres (*a*), de même que dans les pays Protestans les Catholiques entrent quelquefois dans les Temples. Mais un fait constant & décisif, est qu'il n'a jamais eu de Confesseur, qu'on n'a rien trouvé dans ses livres * & papiers qui eût trait au Catholicisme; qu'il faisoit la priere & autres exercices de sa Religion dans sa famille, suppléant son pere lorsque ce chef de famille ne pouvoit parler ou prier haut. Un Magistrat grave * a même déclaré qu'ayant eu part à la conversion de Louis Calas, & voulant convertir aussi Marc-Antoine, il lui avoit fait plusieurs argumens forts sur lesquels celui-ci demanda du tems pour s'examiner & se résoudre. Quelque tems après il revint & déclara qu'il s'étoit affermi dans la foi dans laquelle il avoit été élevé. Et sans doute son assistance dans les Temples pourroit se placer dans ces tems de délibération & d'examen, si d'ailleurs elle n'étoit pas suffisamment expliquée par les trois causes ci-dessus. Il est certain encore qu'au mois de Septembre 1758, il avoit assisté à une assemblée protestante près de Mazamet, & qu'il y avoit présenté un enfant qui fut baptisé par un Ministre; qu'à Noel 1760, étant chez le sieur Vaute à Brassac, il assista à une pareille assemblée qui se tint près Vabres; qu'enfin au mois de Juillet 1761, il assista à un enterrement Protestant hors

* Mém. p. 62.

* Mém. p. 69.

(*a*) *Nota.* Il aimoit sur-tout à entendre le fameux Pere Torné, alors Doctrinaire à Toulouse, dont les Sermons relevés & touchans ne sont pas des discussions épineuses de controverse.

des murs de Toulouſe, & que là il parla fortement aux aſſiſtans en homme perſuadé de l'excellence de ſa Communion. Ce ſont autant de faits juſtificatifs offerts par le pere, & dont pluſieurs ont même été prouvés avant le Jugement.

INDICES.

5°. M. la Plagne, Confeſſeur, a dépoſé qu'un jeune Proteſtant, dont il ne ſçait pas le nom, & qui étoit un garçon de 22 ans, s'étoit préſenté à ſon Tribunal aux fêtes de Noel 1760, Pâques & Pentecôte 1761.

REPONSES.

Ce ne pouvoit être Marc-Antoine, puiſqu'il avoit 28 ans, & que M. la Plagne n'a point reconnu ſon cadavre à lui repréſenté. C'étoit ſi peu lui, qu'il eſt prouvé qu'aux fêtes de Noel 1760 * il étoit chez le ſieur Vaute à Braſſac, près Vabres, & qu'il aſſiſta à une aſſemblée de Proteſtans. Le fait de ſon ſéjour chez le ſieur Vaute eſt juſtifié par un *atteſtatoire* * des Curé, Juge, Conſuls & principaux Habitans de Braſſac.

* Mém. p. 64.

* Mémoire intitulé *Suite*, p. 53.

INDICES.

6°. Catherine Dolmiere, Couturiere, native de Beziers, a dépoſé que Marc-Antoine lui avoit dit le 12 Octobre, veille de ſa mort, qu'il devoit faire abjuration le 14, la priant de n'en rien dire, parce que ſi on le ſçavoit, il feroit..... avec une expreſſion groſſiere.

La

REPONSES.

La dépoſition de ce Témoin eſt infirmée par la fauſſeté dont elle s'eſt rendue coupable, en ſe donnant pour nouvelle Catholique, afin de ſe concilier plus de croyance. Il eſt prouvé * qu'elle eſt née Catholique, de parens anciens Catholiques, & d'une Ville où il n'y a point de Proteſtans. En ſecond lieu elle eſt témoin ſingulier. En troiſieme lieu, la dépoſition eſt ſans vraiſemblance; car Marc-Antoine n'eût pu abjurer & faire ſa Communion (qui eût été ſa premiere) que dans ſa Paroiſſe. Or il eſt prouvé par une déclaration * juridique de ſon Curé, que celui-ci n'en a rien ſçu. D'un autre côté Marc-Antoine, à la veille de la plus importante action de ſa vie, ſe fût-il ſervi d'expreſſions auſſi ſales, auſſi groſſieres? eût-il paſſé toute ſon après-midi au billard & dans une indécente diſſipation? Enfin il aſſiſtoit conſtamment aux baptêmes, aux inhumations, aux aſſemblées des Proteſtans. Le ſieur Calas a poſé, comme ſeptieme fait juſtificatif (on ne ſçauroit trop le repéter), « qu'au mois » de Juillet dernier (1761), deux mois avant ſa » mort, Marc-Antoine aſſiſta à un enterrement » Proteſtant qui ſe fit hors la Ville, & qu'il parla » fortement aux autres aſſiſtans de la prétendue » excellence de ſa Religion ».

* Obſerv. p. 43.

* Obſerv. p. 41. 44.

INDICES.

7°. La Doctrine des Egliſes Proteſtantes permet aux parens de faire mourir leurs enfans qui veulent devenir Catholiques. Calvin a enſeigné, dans l'*Institution Chrétienne*, son principal ouvrage, qu'un pere pouvoit punir de mort ses enfans, s'ils abandonnoient la Religion dans laquelle ils les avoit élevés. C'est la Doctrine de Genève, c'est celle des Ministres qui se répandent en France.

REPONSES.

A-t-on pu sérieusement former une telle accusation contre une Communion qui se glorifie d'être une Communion Chrétienne ? Il est faux que jamais Calvin ait donné un enseignement si abominable. Le livre intitulé, *Nécessité d'un culte public*, imprimé en 1747 ; celui intitulé, *Questions sur la Tolérance*, imprimé en 1758 ; la *Liturgie Protestante*, imprimée en 1759, détruisent cette accusation. Une délibération des Syndics & Consuls de Genève, du 30 Janvier 1762, scellée du sceau * de la République, signée du Secrétaire d'Etat, certifiée par le Baron de Montperoux, Résident de France à Genève, une déclaration des Pasteurs & Professeurs de l'Eglise & Académie de Genève, revêtue des formes légales, écartent avec modération & avec force cette imputation hasardée par la seule populace, imputation qu'eux-mêmes auroient méprisée au point de n'y pas répondre, si la compassion pour l'Accusé ne les eût engagés à donner ces déclarations.

* Mémoire intitulé *Suite*, pag. 30. 31.

QUATRIEME CLASSE D'INDICES.

Indices & Oui-dire relatifs au Fait même.

INDICES.

8°. La demoiselle Pouchelon, Popis, garçon Passementier du sieur Maison, & la fille de service du sieur Ducassou, ont entendu Marc-Antoine Calas criant à neuf heures & demie, *au voleur, on m'assassine, on m'étrangle.* Les sieurs Gleises, commis du sieur Cases, Nosieres, praticien, Perès, commis de la veuve Peyronet Chapeliere, rapportent le discours de Popis.

REPONSES.

La demoiselle Pouchelon s'est rétractée ; à neuf heures & demie, le corps de Marc-Antoine étoit FROID COMME UN MARBRE. Si l'on eût entendu crier *au voleur*, c'étoit un meurtre commis par gens de dehors, & non pas un parricide. D'ailleurs le sieur Calas a demandé, comme deuxieme fait justificatif *, qu'on vérifiât s'il étoit possible que la voix de Marc-Ant. Calas eût eté entendue distinctement de la boutique ou du magasin bien fermés, dans cette chambre bien fermée du seconde étage, où la servante prétend l'avoir entendu, & des fenêtres du second étage où la dame Pouchelon & Popis prétendoient avoir été. Les sieurs Gleises, Nosieres & Perès, en rapportant le discours de Popis, le rapportent différemment, & le font se contredire : quand ils le rapporteroient unanimement, ils ne lui en au-

* Mém. p. 101.

roient pas donné plus de force que Popis ne lui en donnoit lui-même ; ainsi leur déposition n'est qu'une surcharge dans l'affaire. Il résulte des cris, *ah, mon Dieu! ah, mon Dieu!* que Popis dit aussi avoir entendus, que ces cris, s'il a pu entendre réellement quelque chose, étant placés à l'époque de neuf heures & demie, neuf heures trois quarts, même dix heures, soit dans la déposition de Popis, soit dans les répétitions de sa déposition, seroient ceux du pere, de la mere, du frere, qui se lamentoient sur le cadavre, frappoient des pieds, & invoquoient le Ciel, dans l'excès de leur douleur.

INDICES.

9°. La femme du Peintre Mathei *a dit* que la nommée Mandrille mere *lui avoit dit* qu'étant dans une maison où elle *achetoit*, une demoiselle *qu'elle ne connoissoit pas & ne reconnoîtroit pas*, *lui avoit dit* que le soir de la mort de Marc-Antoine Calas, elle avoit entendu le sieur Calas pere lui disant : « tu veux toujours faire à ta tête ; je t'é» tranglerai : » que Marc-Antoine Calas crioit, « ah, mon pere, que vous ai-je fait? mon pere, » laissez-moi la vie ».

REPONSES.

A-t-on jamais entendu qu'un oui-dire d'oui-dire d'oui-dire *d'une inconnue qu'on ne reconnoîtroit pas*, ait pu asseoir l'horrible accusation, bien plus encore la condamnation d'un parricide?

Mais si ce discours avoit été tenu, la nommée Mandrille ne devoit-elle pas du moins indiquer la maiſon? les gens de cette maiſon, le maître ou le commis de boutique, qui auroient entendu l'inconnue auſſi bien qu'elle, ne ſeroient-ils pas venus à révélation, ſur les Monitoires publiés dans Toulouſe avec les plus effrayantes ſolemnités? D'ailleurs ce prétendu diſcours n'auroit-il été entendu ni par la demoiſelle Pouchelon, ni par la ſervante du ſieur Ducaſſou, ni par Popis, ni par perſonne, mais ſeulement par une *inconnue qu'on ne reconnoîtroit pas*, ſi on la voyoit? Voilà cependant quel a été le plus grave de tous les indices; & cet indice même, comme on le voit par ces mots, *tu veux toujours faire à ta tête*, n'avoit aucun trait à la Religion.

INDICES.

10°. Le ſieur Perès, commis d'une Chapeliere, regardant par une fente de la fermeture de la boutique, a vû juſqu'au fond du magaſin la dame Calas qui pleuroit, & qui a bientôt ceſſé: il n'a pas vû aſſez de douleur dans le pere. La ſervante de la demoiſelle Pouchelon a vû Pierre Calas ſortant de la maiſon, qui dit d'un ton aſſez tranquille *au monde raſſemblé* devant ſa porte, que ſon frere étoit mort.

REPONSES.

Il étoit impoſſible que le ſieur Perès pût rien voir, de la maniere dont ſa dépoſition le place. A l'égard des dépoſitions en elles-mêmes, n'a-t-on pas vû plus haut, au contraire, que les dépoſitions de Popis, de la demoiſelle Pouchelon, de la ſervante du ſieur Ducaſſou, portant ſur l'heure de neuf heures & demie à neuf heures trois quarts, annoncent dans l'intérieur de la maiſon la douleur la plus vive & la plus perçante. Etoit-il étonnant que Pierre, pour cacher le ſuicide de ſon frere, affectât de cacher cette douleur? Mais s'il a pu paroître inſenſible, comment, ſeule de *tout ce monde raſſemblé*, la ſervante de la demoiſelle Pouchelon l'aura-t-elle vû? Que de dépoſitions au contraire ont annoncé la douleur du pere & de toute la famille! Et ces ames vulgaires pouvoient-elles ſentir que les grandes douleurs ſe manifeſtent moins par des larmes, que par une ſtupidité d'accablement, & une aſſiette profondément immobile?

Voilà quels étoient les indices qu'il avoit été poſſible de faire ſortir des dépoſitions de plus de cent cinquante témoins entendus, ſoit dans l'information, ſoit dans la continuation d'*inquiſition*, Quelle foibleſſe dans ces indices, quand on les oppoſoit à des impoſſibilités morale, phyſique & légale, ſi vraies, ſi ſenſibles, ſi fortement préſentées! Quelle immenſe diſtance de ces indices au parricide conçu, exécuté, conſommé par un pere, ou par cinq monſtres réunis!

Mais ces indices euſſent-ils été les plus violens, les plus accablans, avec quelle force & quelle vérité le malheureux Calas, chargé de fers, pouvoit-il faire entendre du fond de ſon cachot une défenſe touchante, puiſée dans les circonſtances même réunies contre lui. « Que peuvent conclure, auroit-il dit, ces indices recueillis avec tant » de ſoins & de travaux, contre un homme qu'on » a préjugé coupable par l'inhumation pompeuſe » de ſon fils? M'a-t-on laiſſé une défenſe libre & » entiere, lorſqu'on publie un Monitoire qui pré-

» fente la parricide comme prouvé ; lorfqu'on » porte les efprits vers cette feule penfée ? Me l'a-» t-on laiffée libre & entiere, lorfqu'on omet de » faire entendre les témoins qui auroient dépofé » pour moi ; lorfqu'on les rejette par la maniere » dont l'accufation eft difpofée ; lorfqu'on n'a » voulu vérifier ni livres, ni papiers, ni état des » lieux ? Me l'a-t-on laiffée enfin, lorfqu'on n'a » point conftaté l'état du cadavre de mon mal-» heureux fils ; lorfqu'on n'a point informé *à dé-» charge* comme *à charge* (*a*) ? Ah ! rendez-moi » feulement le cadavre de mon fils, tel qu'il fut » trouvé dans ce moment d'horreur, il combattra » pour fon pere » !

Toutefois des Magiftrats, chargés de veiller au repos d'une grande Province, ne pouvoient négliger ces indices, lors même qu'ils les auroient cru méprifables : mais n'y avoit-il pas des voies de droit qui pouvoient ou détruire ou confirmer leurs foupçons : & n'eût-il pas été jufte d'épuifer d'abord ces voies, avant de livrer aux flammes, comme parricide, un pere dont la Loi ne demandoit pas fi promptement le fupplice ?

La premiere & la plus naturelle de ces voies étoit la publication d'un nouveau Monitoire qui fût pour cette fois *à décharge comme à charge :* car pouvoit-on fe diffimuler qu'on s'étoit beaucoup trop avancé dans le premier, ne fut-ce qu'en an-

(*a*) Par exemble. Pourquoi n'avoir pas fuivi jufqu'à la fin la dépofition de Me Challier ? Pourquoi n'avoir pas entendu le Témoin qu'il indiquoit fur un fait décifif ? Pourquoi avoir indiqué dans le Monitoire d'une maniere fi circonftanciée, fi précife une prétendue affemblée du 13 Octobre, fur laquelle il n'y a pas un feul dépofant ? Pourquoi n'avoir pas nommé du moins, aux Accufés abfous, l'indigne dénonciateur qui a fabriqué cette calomnie ; car il y a eu fans doute un dénonciateur ?

nonçant comme certaine une prétendue assemblée du 13 Octobre au matin sur laquelle personne n'a déposé ? Alors il se seroit présenté des témoins sur la profonde & habituelle mélancolie de Marc-Antoine, sur ces causes, sur les desseins desespérés de ce jeune homme, sur sa passion invincible pour le billard, sur ces pertes fréquentes, sur cet or montré avec ostentation le 13 Octobre au soir, sur les gens qui étoient alors dans le billard, peut-être sur la disparution subite d'un ou plusieurs d'entre eux depuis l'accusation, &c. Alors du moins on eût pu se dire, avec cette satisfaction qui naît du sentiment d'un devoir bien rempli, qu'on avoit mis les Accusés en état de se procurer des indices & des preuves, & qu'ainsi on avoit réparé à leur égard l'injustice de la premiere inculpation.

Une seconde voie étoit de commencer par le Jugement des deux témoins co-accusés, le jeune Lavaysse & la servante. Cette voie étoit encore si simple, si juste, si naturelle. Alors ou ces deux co-accusés auroient été convaincus, & ils entraînoient nécessairement la conviction des trois autres, ou ils auroient été absous ; & dans ce cas l'équité naturelle les remettoit à leur véritable place, à leur place de témoins. Quel témoignage que celui qui, épuré par l'appareil d'une instruction rigoureuse, eût justifié lui seul les Accusés, eût épargné à notre siecle & à notre Patrie l'horrible soupçon d'un parricide !

C'étoit ainsi que la Tournelle de Toulouse avoit conduit l'instruction à l'égard du sieur Olivier * & de son valet, tous deux prévenus d'avoir tué la sœur du premier, tous deux s'entre-accusant, tous deux chargés seulement par des indi-

* Observ. p. 15.

ces. Ceux contre le valet étant très-foibles, les Juges convaincus de son innocence le relaxerent, le firent résumer sur ses interrogatoires, le confronterent au sieur Olivier qui sur cette déposition d'un co-accusé redevenu témoin, & sur des indices urgens, fut condamné à la roue. » Ce » que la Cour fit dans cette occasion (a dit un » des premiers * défenseurs des accusés), pour » avoir la preuve du crime ; pourquoi ne l'auroit-» elle pas fait dans celle-ci pour faire triompher » l'innocence ?

* Ibid.

Une troisieme voye étoit d'admettre la preuve des faits justificatifs. Calas pere en avoit posé onze dans son premier Mémoire. Dans un second, intitulé *Suite*, il en avoit prouvé plusieurs ; & tous ces faits, ou établissoient directement son innocence, ou portoient les esprits vers l'idée d'un suicide. La Loi * (s'il faut citer une Loi sur un point d'équité naturelle) n'ordonnoit-elle pas aux Juges de choisir *du nombre des faits que l'accusé aura articulés dans ses interrogatoires & confrontations*, ceux qui seront admissibles, & d'en permettre la preuve ? Veut-on, pour se prêter à toute hypothese, qu'aucun ne le fût, du moins il devoit y avoir dans l'Arrêt définitif un chef qui les concernât & qui prononçât *sans y avoir égard*, parce que toute demande exige qu'on *fasse droit* sur elle.

* Ordon. Crim. titre 26.

Ces trois voyes épuisées, falloit-il allumer les flammes d'un bucher ? non. Les droits de la société sur l'accusé étoient remplis, par un plus amplement informé indéfini, avec reserve des preuves. Qu'on l'eût précipité dans un cachot, qu'on l'eût chargé de fers, qu'en prolongeant sa vie on eût prolongé son supplice, on auroit excédé les bornes de la Loi, mais il eût vêcu du moins, & il devoit vivre tant qu'il n'étoit pas prouvé qu'il dût expirer en coupable. Car qu'on ne s'y trompe point, les Magiſtrats ne doivent point à la ſocieté la punition d'un crime, lorſque le coupable eſt inconnu ou n'eſt pas convaincu, & ils doivent au contraire à chaque citoyen la certitude que ſa vie n'eſt qu'au pouvoir des Loix.

Le 9 Mars 1762, l'affaire fut miſe ſur le Bureau ſans qu'on eût employé aucune de ces voyes; & toute la Province aux yeux de laquelle on avoit donné à cette affaire la Religion pour principe, attendoit avec frayeur un Arrêt qui lui apprît ſi nos Freres ſéparés ſont parmi nous des citoyens ou des bourreaux.

Que le ſort des Juges eſt à plaindre, ſur-tout de ceux qui tiennent le glaive des loix pour couper les liens des innocens ou pour frapper les coupables! Un point ſouvent inviſible ſépare la verité de l'erreur. La droiture, les lumieres, la bonté du cœur ne les garantiſſent pas toujours des écueils qui les environnent; & quelquefois leur bienfaiſance même les mettant en garde contr'eux, les entraîne à être ſeveres.

Treize Juges (a) paroiſſent à la Tournelle. On propoſe Calas pere à juger d'abord. Il eſt amené devant eux. Comme ſi le hazard même eût conſpiré ſa perte, il arrive que le jour & l'heure pendant leſquels on lui fit traverſer la place des exécutions pour monter au Palais, offrirent à ſes

(a) M. de la Salle, Conſeiller, ayant perpétuellement préſumé l'innocence des Accuſés, & ſoutenu hautement l'impoſſibilité morale du parricide, eut la délicateſſe de ſe recuſer, pour avoir ainſi laiſſé entrevoir ſon avis; ce qui priva les Accuſés du ſuffrage de ce vertueux Magiſtrat.

yeux un bucher (*a*) allumé qu'on lui laissa croire être l'appareil de son supplice. Troublé par cette affreuse idée, il ne put opposer ni les vices de la procédure, ni la privation de ses moyens de défense, ni les faits justificatifs, ni cette réclamation puissante que donnent à un accusé de parricide, l'innocence & la nature.

Puisque la notoriété publique (*b*) a levé le voile qui couvre les Jugemens, la dame Calas & ses enfans se croyent permis d'exposer que sept Juges seulement opinerent à la mort. Les autres proposerent la visite des lieux, ou une question préparatoire. Un d'eux même fut d'avis du hors de Cour, tant les indices étoient foibles & arbitrairement saisis. Enfin une voix passe à l'avis de mort, & forme l'Arrêt, qui » le déclare » ATTEINT ET CONVAINCU du crime d'homi- » cide par lui commis sur la personne de son fils » aîné, ordonne qu'on l'appliquera à la question » ordinaire & extraordinaire, pour TIRER DE » LUI L'AVEU de son crime, Complices & cir- » constances, & le condamne à être rompu vif, » à expirer sur la roue, après y avoir demeuré » deux heures, à être ensuite jetté au feu.

Interrogé à la question s'il n'avoit pas de Complices; *où il n'y a pas de crime*, répondit-il avec fermeté, *il n'y a pas de Complices*; & il continua hautement de protester de l'innocence des accusés & de la sienne.

(*a*) On brûloit précisement à cette heure un écrit fait pour réfuter la doctrine imputée par la populace aux Communions Protestantes, d'autoriser l'assassinat des enfans qui les quittent. Voyez plus haut.

(*b*) Plusieurs Ecrits imprimés sur cette affaire, & la notoriété de toute la Province de Languedoc, ont déja appris au Public les particularités de ce Jugement.

Mais ce fut sur-tout en marchant au supplice & dans le supplice même, que cet infortuné vieillard fit paroître ce courage que le crime affecte quelquefois & n'imite jamais. Il sieroit mal à une épouse, à des enfans qui ne veulent faire entendre que leur douleur, de paroître par une description trop touchante inculper des Juges qui n'ont voulu écouter que la voix de la conscience & du devoir. Ils diront donc avec simplicité que le peuple revenu de son fanatisme, versa sur lui des larmes tardives, pendant que le vieillard avec une résignation chrétienne, offroit généreusement à Dieu le sacrifice de sa vie pour l'expiation de ses fautes. Un Dominicain *, Professeur en Théologie, & un Religieux du même Ordre, chargés de l'assister, s'édifioient de sa piété, de sa fermeté dans les tourmens, qui fut telle, qu'un seul cri, même fort modéré, lui échappa au premier coup de barre, & que tous les autres coups ne lui arracherent aucune plainte. Placé ensuite sur la roue, la face tournée vers le Ciel, il y portoit ses regards, il les y tenoit tendrement attachés; & le prenant à témoin de son innocence & de celle de ses co-accusés, » je meurs innocent, disoit-il, à ses respec- » tables Consolateurs; J. C. l'innocence même, » a plus souffert que moi. Que mon épouse & » mon fils éprouvent un meilleur sort! Que ma » mort suffise pour tous! Eh falloit il que ce jeu- » ne homme si bien né ne nous revît que pour » partager nos maux! Dans ce tems même ce Capitoul, *qui avoit pris tout sur son compte*, troublant (a) inhumainement ses derniers momens,

* Les Peres Bourges & Caldagues

(a) Me Goazé, Avocat & Capitoul, étant le Commissaire pré-

lui crioit : « Malheureux, voici le bucher qui va » réduire ton corps en cendres, dis la vérité » ! & lui pour toute réponſe, levant ſes yeux en haut vers l'auteur de toute vérité, lui offrit de nouveau ſa vie, tourna la tête vers l'Exécuteur, & termina ſes jours.

Ainſi mourut Jean Calas, condamné comme ATTEINT ET CONVAINCU de parricide, par un Arrêt qui établit en même tems qu'on ne lui en avoit point TIRÉ L'AVEU.

Le 18 Mars on procéda au Jugement des autres Accuſés. Jean-Pierre Calas fils fut condamné au baniſſement perpétuel *pour les cas* (*a*) *réſultans du Procès*. La mere, Lavayſſe & la ſervante furent mis hors de Cour & de Procès, *dépens entre le Procureur Général du Roi & eux, compenſés*. L'on expoſe que, ſuivant le ſtyle du Parlement de Toulouſe, le *hors de Cour* prononcé dans le cas où l'un des Accuſés a ſubi le dernier ſupplice, équivaut à une RELAXE formelle, expreſſion de la même Cour, qui ſignifie une décharge ſolemnelle de l'accuſation.

Or comment eſt-il poſſible, ont dit avec effroi les plus ſimples Citoyens revenus à eux-mêmes, que le pere ait ſubi un ſupplice horrible ſur une accuſation ſur laquelle les autres Accuſés ſont abſous, lorſque le pere, la mere, le fils, le jeune étranger, ont perſévéramment, ont unanimement ſoutenu ne s'être jamais quittés les uns les

paſé à l'exécution, nul autre que lui n'avoit droit de s'y trouver & d'interroger le patient.

(*a*) C'eſt-à-dire à cauſe du diſcours irréligieux & cruel que lui imputoit Cazeres témoin ; car cette condamnation eſt trop foible pour avoir trait au parricide.

autres pendant tout le tems imputé au prétendu parricide ? Comment, ajoutoit-on, l'un a-t-il pu être coupable, si sur un fait indivisible & dans lui-même & dans sa durée, les autres sont jugés innocens ? & chacun baissant la tête, & se renfermant tristement dans l'intérieur de sa famille, a craint desormais pour soi le funeste empire des indices & des conjectures.

Une découverte précieuse, & par malheur trop tardive, a montré, depuis le supplice irréparable de Calas, toute l'illusion de ces guides trompeurs. Une lettre de Marc-Antoine, jusqu'alors inconnue, prouve son Protestantisme, détruit tout l'édifice de l'accusation, & renverse l'échafaud du pere.

On se rappelle que Donat, l'un des enfans, étoit dans une maison de commerce à Nîmes. Il demandoit de nouveaux secours à son pere par la médiation de son aîné ; & de son côté, Louis devenu catholique, vouloit trouver dans ce titre un droit à une pension plus forte que ne permettoient les foibles facultés de son pere. Ce fut à ce sujet que Marc-Antoine écrivit le 18 Janvier 1761 au sieur Cazeing de Nîmes, son ami, en ces termes : « Tu trouveras incluse une lettre » pour mon frere (Donat), que je te prie de lui » remettre cachetée, après l'avoir lue. Aide-le, » je te prie, de tes conseils. JE PARLERAI A MON » PERE POUR LUI, quoique nous soyons dans » une circonstance critique, puisque nous ressen» tons beaucoup la misere du tems, ET DE L'AU» TRE, NOTRE DESERTEUR NOUS TRAÇASSE,

» IL VEUT FAIRE CONTRIBUER, ET IL AGIT » PAR LA FORCE ; CECI SOIT DIT ENTRE » NOUS ».

On voit par cette lettre importante, d'un côté les bontés du pere pour Marc-Antoine, puisqu'il l'instruisoit du secret de son commerce, & que cet aîné étoit employé comme médiateur & intercesseur auprès du pere commun ; d'un autre côté, le Protestantisme ferme & décidé de ce fils, prouvé par la maniere dont il s'exprime sur son frere Catholique. Cependant, avant comme après cette lettre, il assistoit dans nos Temples à des sermons d'une morale intéressante, à des cérémonies qui l'invitoient par l'attrait de la musique. Donc toutes les inductions tirées de ces actes équivoques tombent, tandis que l'argument tiré du défaut de Confesseurs, d'instructions & de livres catholiques, conserve toute sa force, & renverse radicalement l'abjuration prétendue.

Long-tems la dame Calas s'est trouvée hors d'état de s'adresser à des Conseils, faute de pouvoir joindre à son exposé les Arrêts dont elle se plaint. Elle les avoit en vain demandés, le terme fatal du pourvoi auprès du Trône s'avançoit tous les jours, l'échafaud & le bucher de son mari étoient ses seuls titres. La justice de M. le Chancelier & de M. le Président de Pegueirolles viennent enfin de lui procurer ces tristes monumens, par lesquels elle peut appuyer aujourd'hui la vérité de cette exposition qu'elle est prête de sceller de son sang.

D'après cette exposition elle demande aux Conseils :

1°. Si l'on peut condamner sur des indices dans une accusation de parricide.

2°. Si, en ſuppoſant qu'on le puiſſe, le ſieur Calas a pu l'être ſur les indices ci-deſſus expoſés.

3°. Si l'inſtruction de l'affaire, l'inconciliabilité des Arrêts, & les autres circonſtances, préſentent quelques voies de droit pour ſe pourvoir auprès de S. M.

4°. Quelles peuvent être ces voies.

Signé, ANNE-ROSE CABIBEL CALAS, *pour moi & mes enfans, ſuivant leurs pouvoirs.*

CONSULTATION.

LE Conſeil ſouſſigné, qui a vu le Mémoire ci-deſſus, les Imprimés annoncés dans le commencement du Mémoire, & l'expédition des trois Arrêts de la Tournelle de Toulouſe, des 5 Décembre 1761, 9 & 18 Mars 1762, ſur la premiere queſtion, ſi l'on peut condamner ſur des indices dans une accuſation de parricide, eſt d'avis qu'on ne le peut.

Une des plus importantes queſtions qui ayent été agitées parmi les Juriſconſultes, eſt la queſtion de ſçavoir ſi l'on peut condamner ſur des indices dans les cas ordinaires.

Julius Clarus *, célebre Juriſconſulte de Milan, expoſe dans le plus grand jour les combats des Criminaliſtes ſur ce point. Les uns, dit-il, s'oppoſent purement & ſimplement à ce qu'on admette les indices, même indubitables, pour condamner en matiere criminelle; les autres le permettent, mais ſeulement dans les genres de crimes qui n'entraînent qu'une peine pécuniaire.

* Pract. cr. lib. 5 §. fin. q. 20. n. 5.

Si

Si d'autres les admettent pour d'autres crimes, ils le font avec tant de restrictions & de modifications, que la dignité de notre nature & la sûreté de notre être n'en sont point blessées. C'est ainsi que les plus rigoureux des Criminalistes exigent, pour la torture seule, qu'il concoure au moins avec les indices un témoin *de visu*. C'est ainsi encore que mettant les indices en opposition entr'eux, ils les anéantissent par des indices contraires. Enfin non seulement des indices, mais des considérations les détruisent ; le sang, l'affinité, la probité, l'âge suffisent pour les dissiper. *Sanguine*, nous dit M. Dargentré, *affinitate*, *ætate*, *probitatis opinione eruuntur*.

Malgré ces sages modifications qui semblent faire cesser tout le danger des indices, la plus commune opinion des Jurisconsultes a été qu'on ne devoit pas asseoir sur eux SEULS un Jugement en matiere criminelle. Un ancien (*a*) Criminaliste rapporte ce résultat, si honorable à l'humanité, d'une assemblée des Docteurs d'Italie tenue à Boulogne, sur la question de la force des indices en matiere criminelle. Ils conclurent unanimement qu'aucun homme ne pouvoit être condamné *ex indiciis etiam indubitatis*.

Mais lors même que quelques Jurisconsultes ont cru qu'on pouvoit sur des indices asseoir des Jugemens, qu'ont-ils entendu par des indices ? Sont-ce de ces conjectures vagues & arbitraires, qui peuvent s'appliquer avec une égale facilité à des faits différens ? Sont-ce de ces glaives à deux tranchans qui peuvent également ou frapper l'Accusé, ou repousser l'Accusateur ? Sont-ce de ces

(*a*) Albericus, qu'on a appellé *summæ autoritatis vir & magnus Praticus*, *Tractatus malef. tit. de prof. & indic. indub. q. 1.*

vraiſemblances incertaines, de ces rapports éloignés, ſur leſquels l'eſprit de ſyſtème fonde tout enſemble l'accuſation & les preuves d'un délit qui a pu n'exiſter pas ? Non. Les Loix ne ſe jouent point de la vie des hommes. On a entendu par indices en ce cas une induction telle qu'elle ſoit INDUBITABLE *, qu'il en réſulte par une conſéquence NÉCESSAIRE que les Accuſés ont commis le crime, & qu'il eſt IMPOSSIBLE qu'ils ne l'ayent pas commis, *ut res aliter ſe habere non poſſit.* Il faut, nous dit la Loi derniere, *Cod. de prob.* qu'il réſulte des indices une lumiere plus claire que le jour, une preuve qui ne puiſſe laiſſer aucun doute dans l'eſprit du Juge. *Ut res ſit indiciis ad probationem indubitatis, & luce clarioribus expedita.*

* Jul. Clar. Pract. crim. lib. 5. §. fin. q. 20. n. 5. Bornier ſur le tit. 19. de l'Ordon. de 1670. art. 1.

Et lorſqu'on parle d'indices indubitables, ce n'eſt point à nos eſprits que la Loi a laiſſé le ſoin de diſcerner s'ils peuvent être regardés comme tels. Elle-même a pris ſoin de les fixer. On appelle indices INDUBITABLES, nous diſent les Juriſconſultes, ceux qui ſont approuvés par la Loi, & ſur leſquels ELLE VEUT qu'on condamne (*a*).

Parmi nous les indices ſont réprouvés pour aſſeoir SEULS un Jugement de condamnation. Charlemagne, S. Louis & Louis le Grand ont été ſur ce point les défenſeurs de l'humanité; & c'eſt à ces noms auguſtes que le Citoyen, libre ſous l'empire de la Loi, doit parmi nous la certitude d'exiſter ſans craintes & ſans dangers.

Le 186e Capitulaire de Charlemagne, au li-

(*a*) Indicia indubitata ſunt ea QUÆ A LEGE APPROBATA SUNT, & vult per ea fieri condemnationem. Non poteſt quis condemnari EX PRÆSUMPTIONIBUS HOMINIS, SED LEGIS. *Addit de Jul. Clar. q. 20. n. 9. 10.*

vre 7, s'exprime ainsi : « qu'un Juge (*a*) ne condamne jamais qui que ce soit, sans être sûr de » la justice de son Jugement ; qu'il ne décide jamais de la vie des hommes par des présomptions ; qu'il voye la preuve claire, & après cela » qu'il juge. CE N'EST PAS CELUI QUI EST ACCUSÉ QU'IL FAUT CONSIDÉRER COMME COUPABLE, C'EST CELUI QUI EST CONVAINCU. » Il n'y a rien de si dangereux ni de si injuste au » monde, que de hasarder à juger sur des conjectures. Toutes ces sortes d'affaires, où la preuve consiste en indices, & ne va qu'à former un » doute, doivent être reservées au souverain Jugement de Dieu, & les hommes doivent sçavoir » que toutes fois & quantes qu'il n'a pas voulu » leur donner le parfait éclaircissement d'un crime, c'est une marque qu'il n'a pas voulu les en » faire Juges, & qu'il en reservé la décision à » son Tribunal ».

S. Louis, dans son Ordonnance de 1254, ne veut pas que la déposition d'un seul témoin, même *de visu*, puisse donner lieu d'appliquer à la question *les personnes de bonne renommée, même pauvres*, parce qu'elle ne peut faire qu'un indice contr'elles, & qu'un indice ne suffit pas pour y condamner (*b*).

(*a*) Nullus quemquam ante justum judicium damnet, nullum suspicionis arbitrio judicet. Prius quidem probet & sic judicet; NON ENIM QUI ACCUSATUR, SED QUI CONVINCITUR, REUS EST. Pessimum namque & periculosum est quemquam de suspicione judicare. In ambiguis Dei judicio reservetur sententia. Quod certe agnoscunt, suo, quod nesciunt, divino reservent judicio, quoniam non potest humano condemnari examine quem Deus suo judicio reservavit. *Cap. Car. Mag. lib. 7. c. 186.*

(*b*) Personas honestas vel bonæ famæ, etiamsi sint pauperes, AD DICTUM TESTIS UNICI subjici tormentis vel quæstionibus inhibemus, ne ob metum, falsum confiteri ; vel suam vexationem redimere compellantur.

L'Ordonnance criminelle, loin de permettre d'asseoir un Jugement de mort sur des indices, ne permet même la question que dans le concours de ces trois cas : « qu'il y ait crime qui mérite » peine de mort ; que ce crime soit constant ; & » QU'IL Y AIT PREUVE CONSIDÉRABLE CON- » TRE L'ACCUSÉ ». Sur ces mots PREUVE CONSIDÉRABLE, les Criminalistes nous disent, conformément à l'Ordonnance de S. Louis, « qu'il » faut tenir pour constant qu'un Accusé ne peut » être appliqué à la question, s'il n'y a des indi- » ces pressans contre lui ; qu'un seul indice ne » suffit point, ni la déposition d'UN SEUL témoin, » SI PRECISE QU'ELLE SOIT, si elle n'est accom- » pagnée d'autres indices ; que la confession SEU- ,, LE de l'un des Accusés ne suffit pas pour con- ,, damner les autres Accusés du même crime à la ,, question ,,.

Et si l'on demande si les Loix ont donc voulu encourager au crime par l'espérance de l'impunité, on répondra que nos augustes Législateurs ont pesé la vie & l'honneur de leurs Sujets ; qu'ils n'ont pas cru que des présomptions suffisent pour les leur ravir ; qu'il vaut mieux que quelques coupables échappent à la Justice humaine, que de voir sur nos échafauds des Langlade & des Lebrun, & qu'une vie ignominieusement arrachée à un innocent, ne se rachete point par la réhabilitation de sa mémoire, par les larmes de ses Juges, par les regrets qui troublent leur ame, & qui les suivent jusqu'au tombeau.

S'il en est ainsi dans les crimes ordinaires, quel ennemi des hommes oseroit dire qu'on puisse admettre les indices comme pouvant SEULS conduire à la mort sur une accusation de parricide ?

Sur une question qui est plus de sentiment que de Jurisprudence, il faut entendre avec quelle force, avec quel respect pour la Nature humaine, l'Orateur Romain repousse les conjectures & les indices, en défendant contre le redoutable Sylla, Roscius Amerinus accusé de parricide. „ Pour un » crime (a), dit-il, si grand, si atroce, si singu- » lier, qui est si rare, que s'il y en a jamais eu » des exemples, ils ont été regardés comme un » prodige; quelles preuves ne faut-il pas avoir? » Il faut, pour fondement de cette accusation, » prouver avant tout contre celui qu'on prétend » convaincre de ce forfait, qu'il a fait paroître » dans le cours de sa vie une audace singuliere, » des mœurs féroces, un naturel barbare, un » fond d'égarement & de fureur; alors seule- » ment vous pouvez écouter des témoins; au- » trement il n'est pas possible de croire un fait si » horrible, si atroce, si épouventable. Car quelle » n'est point la force de l'humanité & de la voix

(a) In hoc tanto, tam atroci, tam singulari maleficio, quod ita raro extitit, ut si quando auditum sit, portenti ac prodigii simile numeretur, quibus tandem te argumentis accusatorem censes uti oportere? Nonne audaciam ejus, qui in crimen vocetur, singularem ostendere & mores feroces immanesque, naturam & vitam vitiis flagitiisque omnibus deditam, & denique omnia ad perniciem profligata atque perdita.... in quo scelere etiam cum multæ causæ (indices) convenisse unum in locum atque inter se congruere videntur, tamen non temerè creditur, neque levi conjecturâ res penditur, neque testis incertus auditur, neque accusatoris ingenio res judicatur. Cum multa commissa maleficia, tum vita hominis perditissima: tum singularis audacia ostendatur necesse est, neque audacia solum, sed summus furor atque amentia..... quæ nisi multa & manifesta sunt, profecto res tam scelesta, tam atrox, tam nefaria, credi non potest. Magna est enim vis humanitatis. Multum valet communio sanguinis; reclamitat istius modi suspicionibus ipsa Natura. Portentum atque monstrum certissimum est, esse aliquem humanâ specie & figurâ qui tantum immanitate bestias vicerit, ut propter quos hanc suavissimam lucem aspexerit, eos indignissime luce privarit..... cum etiam feras inter sese partus atque educatio & natura ipsa conciliet.

» du ſang ? La nature reclame & ne ſouffre pas » qu'on croye que, par un prodige effroyable, » une créature qui a la figure humaine, ait tellement ſurpaſſé en fureur les bêtes les plus féroces, qu'elle ait pu ôter le jour à celui de qui » elle l'avoit reçu (ou à qui elle l'avoit donné). » Il faut, dit-il encore, pour le même Accuſé, » que les Juges ayent vû eux-mêmes ſes mains » teintes du ſang de ſon pere, pour le croire cou» pable d'un forfait ſi horrible. *Reſperſas manus » ſanguine patris, Judices viderint oportet, ſi tantum » facinus, tam immane, credituri ſint* ».

Ce même Orateur, louant dans le même diſcours le ſage ſilence des loix d'Athenes ſur le parricide, dit qu'en ne prononçant pas de peine contre lui, elles voulurent par-là ne pas même avertir les hommes qu'il fût poſſible de le commettre (*a*).

Les Loix Romaines auſſi ſages que celles d'Athenes, auſſi juſtes envers l'humanité, ont rejetté toutes les vraiſemblances, ont admis toute autre ſuppoſition, plutôt que de ſe prêter à l'idée de la poſſibilité d'un parricide. Qu'un pere ait frappé ſon fils avec dureté, avec fureur, la Loi appelle ces traitemens cruels, une correction paternelle (*b*). Qu'un pere accuſé d'avoir tué ſon fils ſe ſoit donné la mort dans le cours de l'inſtruction, cet indice accablant eſt changé par la Loi en témoignage honorable de la douleur du pere ſur la mort de ſon fils ; le Fiſc auquel appartenoient les biens d'un Accuſé qui ſe tuoit pendant l'inſtruc-

(*a*) Sapienter feciſſe dicitur (Solon) cum de eo nihil ſanxerit, ne non tam prohibere quam admonere videretur.

(*b*) Si quid in filium commiſit pater, id correctionis emendationiſque gratiâ admiſiſſe præſumatur. Loi premiere, *Cod. de emend. prop.*

tion, ne profitera point de sa dépouille; & ces Loix si fiscales, si empressées de conquérir aux Empereurs les fortunes des plus riches Citoyens, cedent pour cette fois à une présomption dictée par le vœu de la nature (c). Que des enfans * soient trouvés endormis aux deux côtés de leur pere assassiné, les portes étant fermées, sans aucuns indices ni contre des domestiques, ni contre des étrangers, tous soupçons, toutes conjectures, toutes vraisemblances s'évanouissent devant leur sommeil; Rome les absout, & trouve dans ce sommeil la certitude de leur innocence.

* Menochius, q. 11. n. 6.

Il est donc certain que les seuls indices ne peuvent faire prononcer la mort d'un Citoyen, bien moins encore celle d'un pere accusé d'avoir trempé ses mains dans le sang de son fils. Le témoignage des Jurisconsultes, celui des Loix d'Athenes & de Rome, les Ordonnances émanées de nos plus grands Rois, écartent loin de nous cet outrage, & nous répondent que rien d'arbitraire ne peut attenter à notre existence. Qu'on ne s'étonne pas si nous nous sommes attachés à mettre ici dans un si grand jour, le vrai degré de force des indices en matiere criminelle. Ces notions précieuses sont le titre de tous les Accusés, le recueil des droits & de la dignité de notre nature, la sauve-garde de notre être, le code de l'humanité.

SECONDE QUESTION.

Sur la seconde question, si en supposant qu'on

(c) Videri autem & patrem qui sibi manus intulisset, quod videretur filium suum occidisse, magis dolore filii amissi mortem sibi irrogasse, & ideo bona ejus non esse publicanda. Loi. 3. §. 5. ff. *de bonis eorum qui ante sententiam, mortem sibi consciverunt.*

pût condamner sur des indices en accusation de parricide, le sieur Calas a pu l'être sur les indices ci-dessus exposés.

Le Conseil répond que cette question peut être considérée, ou comme tendante à faire décider du mérite des indices en eux-mêmes, ou comme tendante à soumettre à l'examen des Jurisconsultes la justice intrinseque des Arrêts dont il s'agit.

Si l'on demande seulement leur Jugement sur le mérite des indices en eux-mêmes, ils estiment que ces indices, tels qu'ils sont présentés dans les Mémoires (*a*) imprimés, avec les réponses qu'on leur oppose, n'ont ni pu ni dû opérer une condamnation de mort, bien moins encore lorsque sur un fait indivisible l'un des Accusés est supplicié, & les autres traités en innocens (suivant le style de la Tournelle de Toulouse), ou tout au moins en Accusés qu'on n'a pu trouver coupables, ce qui laisse toujours à l'argument sa force invincible.

Si la question a pour objet de demander l'avis des Jurisconsultes sur la Justice intrinseque des Arrêts, ils n'ont rien à répondre à ce sujet. Les Magistrats supérieurs, placés entre le Souverain & les Sujets, doivent partager avec la Loi dont ils sont les Ministres, l'obéissance & le respect qui lui sont dûs, loin d'avoir à défendre au Tribunal de chaque Citoyen la justice des Arrêts qu'ils ont cru devoir rendre. Mais comme il est impossible, malgré la pureté de leurs vûes & la

(*a*) Il eût été à souhaiter d'avoir la Procédure entiere sous les yeux. On auroit répondu à la Cosultation avec plus de précision & d'assurance; on s'est arrêté à ce qui peut être regardé comme constant, ayant été soutenu & imprimé à Toulouse par des Avocats au Parlement, sous les yeux de cette Cour.

droiture de leur ame, que ces Jugemens respectables ne se ressentent quelquefois des erreurs de l'humanité, nos Loix ont établi des formes, dont l'inobservation donne lieu de se pourvoir contre eux; œconomie heureuse qui concilie tout-à-la-fois ce qui est dû à la dignité de leurs Jugemens, & aux malheurs du Citoyen qui en souffre. S'il est pardonnable à une mere, à des enfans pleins de douleur, de ramener toujours les choses à l'objet qui les touche de si près, des Jurisconsultes éclairés sçavent qu'ils doivent au contraire toujours présumer les Arrêts justes, & que leur ministere se borne à examiner s'ils sont tellement rendus qu'il n'y ait aucune voie légale de les faire rétracter; examen qui peut se faire sans qu'il soit besoin de discuter leur justice intrinseque. C'est sous ce point de vûe que le Conseil soussigné va les considérer, en répondant à la troisiéme question du Mémoire.

TROISIEME QUESTION.

Sur la troisieme question, si l'instruction de l'affaire, l'inconciliabilité des Jugemens, & les circonstances, présentent quelque voie de droit pour se pourvoir auprès de S. M.

Le Conseil répond qu'elles en présentent.

On peut diviser en trois époques tout ce qui concerne cette affaire.

PREMIERE ÉPOQUE.

Du 13 Octobre 1761 au Jugement définitif des Capitouls.

Tout est plein de nullités & de vices dans

cette partie de l'affaire. Nous ne nous arrêterons ici qu'à relever les plus frappans.

* Titre 4. art. 1. L'Ordonnance de 1670 *, porte : « Les Juges » dresseront, *sur-le-champ & sans déplacer*, Procès-» verbal DE L'ÉTAT auquel seront trouvées les » personnes blessées ou le corps mort, ensemble » DU LIEU où le délit aura été commis, ET DE » TOUT ce qui peut servir pour la décharge ou la » conviction ».

Cet article a été négligé en trois manieres.

1°. Parce qu'on n'a point dressé Procès-verbal, *sur-le-champ & sans déplacer*, DE L'ÉTAT du corps mort. Il y a Requête en inscription de faux contre le Procès-verbal. 2°. Parce qu'on n'a pas dressé Procès-verbal DU LIEU où le délit prétendu a été commis. 3°. Parce qu'on n'a pas porté dans le Procès-verbal *TOUT ce qui peut servir pour LA DECHARGE OU LA CONVICTION*. On n'a décrit ni l'état du linge, des cheveux, des habits, du cadavre de Marc-Antoine, ni ses livres & papiers (objet cependant si important, puisque tout le Procès rouloit sur sa croyance), ni la douleur & l'état des Accusés, ni rien en un mot de ce qui pouvoit porter la lumiere sur le véritable genre de sa mort; & les choses se sont passées avec tant d'irrégularité & de précipitation, que le lendemain on voyoit traîner dans le magasin la corde & le billot, ces pieces de conviction si nécessaires.

Or cette nullité est très-grave, 1°. parce qu'elle est irréparable; 2°. parce qu'elle enleve des moyens décisifs à des Accusés privés de toute autre défense, de toute communication, de tout conseil, chargés de fers, précipités dans des cachots. Une loi qui n'eût pas ordonné d'informer

A DECHARGE COMME A CONVICTION, eût été une loi barbare, attentatoire à la vie des Citoyens. Que ſera-ce donc de n'avoir pas ſuivi une loi juſte & ſage qui veilloit pour eux ?

Une autre irrégularité non moins forte, conſiſte en ce que le Médecin, les deux Chirurgiens qui ont fait le premier rapport, le Chirurgien Lamarque qui a fait le ſecond, auroient dû être recollés & confrontés aux Accuſés, & ne l'ont point été. Ces recollemens & confrontations ſont de regle indiſpenſable au Parlement (*a*) de Toulouſe. Ils ſont fondés ſur la doctrine des Interpretes & des Juriſconſultes, ſur l'eſprit de la Loi, ſur le texte de l'Ordonnance. En deux endroits différens l'Ordonnance * aſſimile les Experts aux Témoins ; elle veut « qu'ils ſoient répétés ſéparément en leur rapport, recollés & » confrontés *ainſi que LES AUTRES témoins* » ; expreſſions par laquelle cette Loi, qui ne dit rien en vain, fait manifeſtement entendre que les Experts deviennent témoins par les regles de leur art, comme les autres hommes le ſont par le miniſtere de l'ouie ou de la vûe. Il eſt même d'autant plus juſte de les recoller & confronter, qu'il y a toujours dans leurs rapports pluſieurs parties conjecturales qui peuvent ſe rectifier dans un recollement, être expliquées, combattues ou détruites dans une confrontation. Si les Capitouls ont cru pouvoir négliger ces formes précieuſes, du moins ils n'auroient pas dû ſe livrer à des irrégularités toutes contraires. N'y avoit-il dans Toulouſe qu'un Chirurgien ignorant qui

* Titre 8, art. 12; titre 9, att. 16.

(*a*) Arrêt du 25 Avril 1752 entre Me Palhols & les ſieur & demoiſelle Domergue, par lequel ces recollemens & confrontations furent ordonnés.

pût rendre un jugement médical sur les regles physiques de la digestion ? N'y avoit-il sur la possibilité ou impossibilité locale du suicide, que le Bourreau qui pût servir d'expert ?

Une troisieme irrégularité résulte d'une autre disposition de l'Ordonnance non observée. Le tit. 9. art. 10. porte : « Après qu'un Accusé pris » en flagrant délit ou à la clameur publique, aura » été conduit prisonnier, le Juge ordonnera qu'il » sera arrêté & écroué, & l'écroue lui sera signi-» fié parlant à sa personne ». Ainsi il n'y a que deux cas qui permettent d'arrêter sans decret, *le flagrant délit & la clameur publique* ; & par clameur publique on entend ce cri qui poursuit un coupable s'enfuyant dans les rues, se cachant dans les maisons, ou trouvé dans une situation, dans une attitude voisine du crime. Or, rien ici de semblable ; car peut-on appeller clameur publique un soupçon échappé du milieu d'une vile populace, & dont on n'a jamais pu trouver l'auteur ? Supposons cependant qu'on pût appliquer cette expression au pere, à la mere, au fils, pouvoit-elle porter sur cette servante d'une piété exemplaire, sur cette Catholique zélée, qui eût été plutôt leur dénonciatrice que leur complice ? Pouvoit-elle porter sur le jeune Lavaysse, que la populace ignoroit d'abord avoir soupé avec eux, que les Gardes mêmes repousserent de l'entrée de la maison, lorsqu'il revint avec l'Assesseur Monier ? Cependant on les arrête, on les emprisonne d'abord, on les décrete ensuite, au lieu de les laisser dans leur véritable classe de témoins ; précipitation malheureuse, qui peut-être a conduit Calas au supplice, & c'est ce qui doit rendre cette nullité plus frappante aux yeux de Magistrats humains, qui par-là se convaincront de plus en plus qu'on ne s'écarte jamais sans danger des formes de la Loi.

Que de-là on porte les yeux sur le Monitoire, sur la question ordonnée, sur l'inhumation & le mausolée de Marc-Antoine, sur la non-récusation des Juges; tous ces faits augmentent l'attendrissement & les moyens de défense en faveur d'une famille accablée par tant de malheurs.

Il est incontestable d'abord qu'un Monitoire accordé par un Grand Vicaire, est nul dans la forme. L'Annotateur * de Fevret, Lacombe *, l'Auteur des Mémoires du Clergé *, observent unanimement que suivant les Ordonnances du Royaume, le pouvoir d'accorder des Monitoires appartient aux seuls Officiaux, & c'est aussi ce qui résulte du Titre VII. entier de l'Ordonnance criminelle.

*Tome 2, p. 14.
* Diction. Can. p. 418.
* Tome 7. pag. 1040, 1041.

Mais au fond ce Monitoire ne peut soutenir les regards de la Justice, tant il est évidemment contraire à l'objet même de son institution. Cet objet est d'acquérir des preuves (*a*) aux délits, & non de faire des coupables; de forcer la vérité qui se cache, & non d'exciter sur des Citoyens la haine & l'indignation publiques. « Les personnes ne pourront être NOMMÉES, NI DÉSIGNÉES, par les Monitoires, nous dit la Loi *, » à peine de 100 liv. d'amende contre la Partie, » & de plus grande s'il y échet ». Or ici, non-seulement on désigne les Accusés de la maniere la plus injurieuse, mais on va jusqu'à supposer une assemblée sanguinaire dont personne n'a déposé, jusqu'à détailler des circonstances absurdes

* Ordon. tit. 7. art. 4.

(*a*) Ils s'accordent, nous disent Sotus & Navarre, *in subsidium, & quando veritas alio modo haberi non potest.*

d'un parricide imaginaire, telles que celles d'avoir *fait mettre Marc-Antoine à genoux* pour l'étrangler ; on va jusqu'à choisir de trois crimes possibles le moins vraisemblable & le plus atroce. C'est ce crime seul qu'on présente aux peuples comme le véritable crime commis ; c'est sur lui seul qu'on tourne les idées du Public ; c'est sur lui seul qu'on invoque des dépositions ; c'est par cette supposition injuste qu'on arrache aux Accusés leurs témoins, qu'on leur ravit les secours d'une légitime défense.

A l'égard de la question ordonnée par les Capitouls, elle blessoit encore ouvertement la Loi. La question ne peut être prononcée * que dans le concours de ces trois cas, qu'il *y ait preuve considérable d'un crime qui mérite peine de mort, & qui soit constant.* Or ici il n'y a pas de *CRIME CONSTANT qui MERITAT PEINE DE MORT*, si ce crime étoit un suicide ; il n'y avoit pas *PREUVE CONSIDÉRABLE*, puisqu'on a absous les co-Accusés, & que la Tournelle a prononcé le 5 Décembre 1761 une continuation d'information. La Loi n'ordonnoit donc pas la question ; les Juges qui n'ont sur leurs semblables que l'empire de la Loi, pouvoient-ils l'ordonner ?

* Ordon. tit. 19. art. 1.

Mais de quel nom appellera-t-on cette inhumation pompeuse, ce triomphe funebre, par lequel on décernoit la palme du martyre à un suicide, qui éprouvoit peut-être alors les châtimens d'un Dieu vengeur, à un homme dont la croyance même formoit la question, & devoit si fort influer sur le sort des Accusés ?

Quel martyr qu'un homme sombre & féroce, livré tour-à-tour, ou aux desordres de son ame, ou à ceux de ses sens ! Quel martyr que celui qui, au lieu de livres d'instructions & de prieres, au lieu de Cathéchistes & de Confesseurs, ne se formoit qu'aux horribles leçons des maîtres du suicide, qui la veille de ses prétendues abjuration & communion, passe son après-midi dans un billard, à risquer ou à perdre l'argent confié par son pere, qui enfin n'annonce sa conversion à une jeune fille qu'avec ces expressions sales & grossieres, dont le vice même rougit de faire usage !

Supposons-lui cependant cette disposition prochaine au Catholicisme, qu'il y a loin encore du vestibule au sanctuaire, de l'état humble & probatoire du Cathécumene à cet état d'exaltation & de gloire que l'Eglise décerne à ses Confesseurs & à ses Martyrs ! Elle retranchoit autrefois, par la bouche du Diacre, les Cathécumenes de la seule assistance aux saints Mystères ; & lorsqu'un Pasteur, instruit de cette sévérité sainte, se refusoit à une cérémonie si téméraire, si odieuse, par quel motif des Officiers, qui se réservoient à être Juges, pressoient-ils ainsi, sans nécessité, sans utilité réelle, une pompe sanguinaire, qui ne pouvoit que porter les esprits vers l'idée d'un parricide ? Ne sentoient-ils pas qu'un tel spectacle (qu'il eût dépendu d'eux d'empêcher, en faisant faire une inhumation simple & sans éclat) ne pouvoit qu'enflammer de plus en plus ce peuple, toujours extrême, qu'ils ont vû tantôt crier au parricide, & tantôt répandre des larmes sur celui que ses premieres clameurs conduisoient au supplice ? Ne voyoient-ils pas enfin qu'ils étouffoient par-là les voix timides & foibles qui auroient déposé pour les Accusés, & qu'ainsi ils élevoient eux-mêmes sur les débris du Mausolée du fils l'échafaud du pere ?

Ces Capitouls devoient du moins se récuser ; ayant préjugé par cette pompe ce qui étoit à juger ; l'Ordonnance (*a*) le leur enjoignoit expressément, sans qu'il fût besoin d'attendre la récusation des Parties : ils étoient donc des hommes privés aux yeux de la Loi, lorsqu'ils ont jugé leurs semblables, lorsqu'ils ont osé les condamner à la question ; & de-là quel puissant moyen contre l'instruction des premiers Juges, dans laquelle à chaque pas l'équité & la Loi sont blessées ?

SECONDE ÉPOQUE,

Comprenant ce qui s'est passé sur l'appel & l'Arrêt contre le pere.

Cette seconde époque présente quatre vices essentiels, dont les personnes les moins instruites des formes sentiront toute la force.

Le premier est de n'avoir pas cassé toute la procédure faite par les premiers Juges, infectée des nullités les plus frappantes : par-là toutes ces nullités deviennent propres à l'Arrêt même, qui, au lieu d'être rendu sur une telle procédure, auroit dû la détruire.

Un second vice a été de ne pas faire instruire *à décharge comme à charge* : la Loi y est formelle ; Eh ! faut-il une Loi pour une vérité de sentiment qui est dans tous les cœurs ? Il falloit vérifier l'état de la porte, trop haute selon les uns, trop basse selon les autres (car voilà jusqu'à quelles

(*a*) Tit. des Récusations de l'Ordonnance Civile, article 17. » Tout Juge qui sçaura causes valables de récusation en sa personne, » sera tenu, sans attendre qu'elles soient proposées, d'en faire » sa déclaration.

contradictions

contradictions on s'est porté), pour avoir été le théâtre d'un ſuicide. Il falloit ordonner un nouveau monitoire, puiſque le premier (irrégulier d'ailleurs dans la forme de ſa conceſſion) étoit manifeſtement à la ſeule *charge* des Accuſés. Il falloit faire entendre le témoin indiqué par Me Challier, ce témoin ſi important ſur le Proteſtantiſme de Marc-Antoine : les ſieurs *Gounon* & *Cazals*, Secrétaires en la Chancellerie de Toulouſe, dont le premier diſoit tenir de l'autre la prétendue aſſemblée du 13 Octobre, dont le ſecond nioit l'avoir dit : la femme *Bou* & ſes deux garçons, Catholiques, qui auroient démenti le témoin (unique) *Cazeres*. Ne devoit-on pas auſſi obliger la nommée *Mandrille* de déclarer *dans quelle maiſon elle achetoit*, lorſqu'elle prétend avoir entendu *une femme inconnue* parlant de l'aſſaſſinat de Marc-Antoine, ſuivre la trace de cette déposition, & travailler ainſi, ou pour des Accuſés indéfendus, ou pour la vengeance publique? Il eſt encore bien d'autres points ſur leſquels cette regle d'équité n'a pas été ſuivie.

Un 3e vice a été de ne pas admettre *les faits juſtificatifs*. Leur admiſſion n'eſt point de pure faculté de la part des Juges ; elle eſt de droit, elle eſt de devoir. Eh quoi ! un malheureux Accuſé qui a ſouffert dans les fers une inſtruction rigoureuſe ; qu'on a privé de toute communication au-dehors ; qu'on a obligé de propoſer ſur le champ, avant la lecture de la dépoſition, ſes reproches contre des témoins ſouvent inconnus, ſeroit-il donc traîné à la mort ſans pouvoir élever la voix, ſans pouvoir du moins faire écouter ſes preuves & ſes moyens? Connoiſſons mieux nos

* Ordon. Crim. titre 15. art. 19. & 20.

Loix. Tout le Titre * *des faits justificatifs* suppose dans le Juge la nécessité de les admettre, ou du moins de *faire droit sur eux*, en mettant dans le Jugement définitif une disposition qui les déclare inadmissibles, s'ils lui paroissent l'être. Les Articles 20 de l'Ordonnance du mois d'Août 1536, & 158 de l'Ordonnance de 1539, y sont encore plus exprès. Suivant ces articles « le Ju» ge *est obligé*, en voyant le Procès, de faire » extrait des faits recevables, si aucuns y a, » A LA DECHARGE DE L'ACCUSÉ, *soit pour* » *justification ou reproche*, & de les montrer au » prisonnier, pour nommer témoins AUX FINS » DE LA PREUVE D'ICEUX ». Par cela seul, que des faits justificatifs sont présentés avec offre d'en faire preuve, ils deviennent une demande sur laquelle il faut *faire droit*, ou en les admettant, ou en prononçant par, *sans y avoir égard*, sans quoi l'omission d'y avoir statué, qui auroit été un moyen de Requête civile en matiere civile, est un moyen de révision en matiere criminelle. Il y a donc eu encore sur ce point des textes de Loi dont les dispositions n'ont pas été remplies.

* Ordon. tit. des faits justific. ar. 2. 3. 4.

Mais un quatriéme vice, sur lequel on ne peut trop insister, a été de priver les Accusés de deux témoins nécessaires. Qu'on l'ait pû d'abord, c'est ce qui s'excuseroit peut-être, parce que trouvés tous dans la même maison, on a cru pouvoir les envelopper dans une même accusation ; mais après une longue & rigoureuse instruction, une audition de plus de 150 témoins, des monitoires *uniquement à charge*, fulminés avec le plus terrible appareil, après cinq mois de cachots & de fers, ne redevenoient-ils pas des témoins nécessaires, dès qu'ils ne pouvoient être des coupables ? L'ordre judiciaire, l'équité, l'humanité exigeoient donc qu'on prononçât d'abord sur eux, afin de parvenir du plus connu au moins connu, de leur innocence devenue plus marquée à la recherche de l'innocence ou du crime des autres. C'est ce qu'on c'est abstenu de faire, & de-là un supplice trop promptement prononcé contre un malheureux vieillard que la Loi ne condamnoit pas, & à laquelle une prison auroit suffisamment conservé sa victime.

Voilà de ces nullités qui n'empruntent rien de la forme, que la raison seule établit, que la seule lumière naturelle démontre, & que les Magistrats trouvent dans leurs cœurs autant que dans les Loix mêmes !

TROISIÈME ÉPOQUE

Renfermant ce qui a suivi l'Arrêt de mort prononcé contre le sieur Calas.

Ce n'est pas sans doute un moyen de Droit, que le courage, la piété, la fermeté du malheureux Calas dans les tourmens ; mais que la réclamation perpétuelle de son innocence devient puissante dans de telles circonstances ! Qu'elle appuye fortement des moyens qui se font déjà sentir si vivement par eux-mêmes ! Car enfin comment donc meurent les innocens, si c'est ainsi que meurent les coupables ?

Mais un vrai moyen de Droit se tire de l'inconciliabilité des Arrêts ; ils deviennent eux-mêmes une preuve légale de l'innocence du pere. Car, suivant le style de la Tournelle de Touloufe, & vû que le banniffement de Pierre Calas n'a aucune proportion, aucun rapport avec le crime de parricide, on peut regarder les Accufés comme pleinement abfous. Or comment concevra-t-on que de cinq Accufés, dont quatre déclarent conftamment, perfévéramment, & à la vûe de la queftion, avoir été enfemble pendant tout le tems, dont le cinquiéme déclare avec la même fermeté avoir toujours été dans la piece * voifine, la porte ouverte, l'un puiffe être parricide, & les quatre autres innocens, lorfque cette déclaration n'a été ni détruite, ni affoiblie, ni même entamée, lorfqu'au contraire elle a reçue de la piété, de la fermeté du malheureux Calas dans les tourmens, la plus grande force qu'il foit donné à la certitude humaine de pouvoir atteindre?

* La cuifine.

A l'appui de ces moyens fe place la lettre de Marc-Antoine nouvellement recouvrée. Cette lettre démontre l'amitié de fon pere pour lui, la confiance de ce pere, le Proteftantifme du fils, fa fermeté dans fa Religion, fon jugement fur le changement de fon frere. Or comme on expofe que long-tems avant cette lettre il entendoit nos Prédicateurs, & affiftoit dans nos Temples à des cérémonies qui ne pouvoient compromettre fa croyance, foit que l'excellence des difcours moraux & l'attrait de la mufique l'y appellaffent, foit qu'il méditât de fe procurer par-là un certificat de catholicité pour fa licence, toutes les inductions tirées de ces actes, tombent; celles refultantes du défaut des livres d'inftructions, de Confeffeurs, de Cathéchiftes, de déclaration au Curé de la Paroiffe, acquierent une force encore plus grande qu'elles n'avoient; la probabilité de ſa prochaine abjuration étayée ſeulement par ces actes équivoques, eſt détruite, & cette fable, dont on n'a pû connoître l'auteur, ſe trouvant renverſée, entraîne dans ſa chûte l'accuſation toute entiere.

QUATRIEME QUESTION.

Sur la quatrieme Queſtion quelles peuvent être les voies de ſe pourvoir ?

Le Conſeil répond que ces voies ſont le pourvoi en caſſation, & la demande en réviſion.

Le pourvoi en caſſation a lieu contre les Arrêts dans leſquels il y a contravention à un texte d'Ordonnance ou de Coutume.

La demande en réviſion a lieu en matiere criminelle contre les Arrêts, contre leſquels on ſe croit fondé à implorer la Juſtice du Roi, pour faire rendre un autre Jugement que celui qui eſt intervenu.

Or par tout ce qu'on vient de dire, en répondant à la troiſieme Queſtion, il eſt évident qu'il y a pluſieurs nullités qui donne lieu au pourvoi en caſſation, & pluſieurs circonſtances frappantes, entr'autres la pompe de l'inhumation de Marc-Antoine, le Jugement du pere avant celui des deux témoins co-accuſés, la non admiſſion des faits juſtificatifs, l'inconciliabilité des Arrêts, & la découverte de la Lettre du 18 Janvier 1761, qui donnent lieu à la demande en réviſion.

Le Réglement du Conſeil, tit. 7. art. 2. permet de réunir ces deux voies. « La Requête (en » réviſion) porte cet article, ſera ſignée d'un » Avocat au Conſeil, ſans que le demandeur » ſoit tenu de la faire ſigner par deux anciens

» Avocats, ni assujetti à la consignation ou con-
» damnation d'amende, ni même aux délais pres-
» crits pour les demandes en cassation, *si ce n'est*
» *toutefois qu'il eût conclu par la même Requête à*
» *la cassation des Arrêts ou Jugemens rendus en der-*
» *nier ressort dans le Procès dont il demandera la*
» *révision, auquel cas toutes les regles établies par*
» *le titre 4 au sujet des demandes en cassation, se-*
» *ront observées.*

La dame Calas peut donc se présenter au Conseil du Roi, avec la ferme espérance de faire réhabiliter la mémoire de son mari, & de voir adoucir ses malheurs. L'intérêt de l'administration générale, la justice, l'humanité, la sûreté de tous les Citoyens, lui répondent du succès de sa réclamation; elle doit espérer de réunir les voeux mêmes des Magistrats qui ont cru alors devoir prononcer ces Jugemens.

Délibéré à Paris le 23 Août 1762. ELIE DE BEAUMONT.

HUART.
L'HERMINIER.
GILLET.
BOYS DE MAISON-NEUVE.
CELLIER.
DE LAMBON.
MALLARD.
BOUCHER D'ARGIS.
DUCHASTEAU.
BIGOT DE SAINTE-CROIX.
MOREAU.
DANDASNE.
REYMOND.
THEVENOT DES-SAULE.
DOILLOT.

De l'Imprimerie de LE BRETON, Imprimeur ordin. du ROI. 1762.

ERRATA.

Page 23. *ligne* 3. cinq pans, *lisez* quatre pans & demi.

Page 34. *ligne derniere*, Consuls, *lis.* Conseil.

www.ingramcontent.com/pod-product-compliance
Ingram Content Group UK Ltd.
Pitfield, Milton Keynes, MK11 3LW, UK
UKHW020319220726
13923UKWH00003B/1252